Kauderwelsch
Band 225

Fòrza Nàpule, Fòrza Diègo!
– der Maradona-Kult lebt

Impressum

Daniel Krasa
Neapolitanisch — Wort für Wort
erschienen im Reise Know-How Verlag Peter Rump GmbH
Osnabrücker Str. 79, D-33649 Bielefeld
info@reise-know-how.de

1. Auflage 2013

Bearbeitung & Layout Christine Schönfeld
Layout-Konzept Günter Pawlak, FaktorZwo! Bielefeld
Umschlag Peter Rump (Titelfoto: Daniel Krasa)
Kartographie Iain Macneish
Fotos Daniel Krasa
Druck und Bindung Werbedruck GmbH Horst Schreckhase, Spangenberg

ISBN: 978-3-89416-714-1
Printed in Germany

Dieses Buch ist erhältlich in jeder Buchhandlung Deutschlands, Österreichs, der Schweiz und der Beneluxländer. Bitte informieren Sie Ihren Buchhändler über folgende Bezugsadressen:
Deutschland Prolit GmbH, Postfach 9, 35461 Fernwald (Annerod) sowie alle Barsortimente
Schweiz AVA-buch 2000, Postfach 27, CH-8910 Affoltern
Österreich Mohr Morawa Buchvertrieb GmbH, Sulzengasse 2, A-1230 Wien
Belgien & Niederlande Willems Adventure, www.willemsadventure.nl
direkt Wer im Buchhandel kein Glück hat, bekommt unsere Bücher zuzüglich Porto- und Verpackungskosten auch direkt über unseren Internet-Shop: ***www.reise-know-how.de.***

Zu diesem Buch ist ein ***AusspracheTrainer*** in Vorbereitung. Bitte erkundigen Sie sich in Ihrer Buchhandlung oder in unserem Internet-Shop ***www.reise-know-how.de,*** *ob er schon erschienen ist.*

Der Verlag möchte die **Reihe Kauderwelsch** weiter ausbauen und **sucht Autoren!** Mehr Informationen finden Sie unter ***www.reise-know-how.de/rkh_mitarbeit.php***

Kauderwelsch

Daniel Krasa

Neapolitanisch

Wort für Wort

Ccà nisciùno è fésso!

(aus einem berühmten Totò-Film)

REISE KNOW-HOW
im Internet
www.reise-know-how.de
info@reise-know-how.de

Kauderwelsch-Sprechführer sind anders!

Warum? Weil sie Sie in die Lage versetzen, wirklich zu sprechen und die Leute zu verstehen.

Wie wird das gemacht? Abgesehen von dem, was jedes Sprachbuch bietet, nämlich Vokabeln, Beispielsätze etc., zeichnen sich die Bände der Kauderwelsch-Reihe durch folgende Besonderheiten aus:

Die **Grammatik** wird in einfacher Sprache so weit erklärt, dass es möglich wird, ohne viel Paukerei mit dem Sprechen zu beginnen, wenn auch nicht gerade druckreif.

Alle Beispielsätze werden doppelt ins Deutsche übertragen: zum einen **Wort-für-Wort,** zum anderen in „ordentliches" Hochdeutsch. So wird das fremde Sprachsystem sehr gut durchschaubar. Denn in einer fremden Sprache unterscheiden sich z. B. Satzbau und Ausdrucksweise recht stark vom Deutschen. Ohne diese Übersetzungsart ist es so gut wie unmöglich, schnell einzelne Wörter in einem Satz auszutauschen.

Die **Autorinnen** und **Autoren** der Reihe sind Globetrotter, die die Sprache im Land selbst gelernt haben. Sie wissen daher genau, wie und was die Leute auf der Straße sprechen. Deren Ausdrucksweise ist nämlich häufig viel einfacher und direkter als z. B. die Sprache der Literatur oder des Fernsehens.

Besonders wichtig sind im Reiseland **Körpersprache, Gesten, Zeichen** und **Verhaltensregeln,** ohne die auch Sprachkundige kaum mit Menschen in guten Kontakt kommen. In allen Bänden der Kauderwelsch-Reihe wird darum besonders auf diese Art der nonverbalen Kommunikation eingegangen.

Kauderwelsch-Sprechführer sind keine Lehrbücher, aber viel mehr als Sprachführer! Wenn Sie ein wenig Zeit investieren und einige Vokabeln lernen, werden Sie mit ihrer Hilfe in kürzester Zeit schon Informationen bekommen und Erfahrungen machen, die „sprachlosen" Reisenden verborgen bleiben.

Inhalt

9 Vorwort
10 Hinweise zur Benutzung
12 Neapolitanisch: Sprache und Geschichte
12 *Karte der Region Kampanien*
17 Aussprache und Umschrift
24 Wörter, die weiterhelfen

Grammatik

26 Hauptwörter (Substantive)
31 Eigenschaftswörter (Adjektive)
32 Steigern & Vergleichen
35 Persönliche Fürwörter
35 Besitzanzeigende Fürwörter
37 Dieses und Jenes
39 Verben und Zeiten
57 Umstandswörter (Adverbien)
59 Wem? oder Wen?
63 Fragen
66 Bindewörter (Konjunktionen)
68 Verhältniswörter (Präpositionen)
71 Auffordern & Befehlen
73 Zahlen & Zählen
77 Zeit & Datum

Konversation

87 Kurz-Knigge
90 Begrüßen & Verabschieden
94 Anrede
97 Das erste Gespräch

102 Ausrufe, Floskeln & Redewendungen
104 Sprichwörter
106 Das Wetter
107 Übernachtung & Unterkunft
112 Essen & Trinken
125 Am Strand
128 Unterwegs
135 Kaufen und Handeln
137 Auf dem Lande
138 Flirt & Liebe
139 Divo Diego: Fußball
140 Fotografieren
141 Behörden, Bank & Post
142 Die Familie
144 Krank sein
146 Toilette

Anhang

152 Wörterliste Neapolitanisch – Deutsch
163 Wörterliste Deutsch – Neapolitanisch
176 Der Autor

Buchklappe vorne *Zahlen, Lautschrift & Abkürzungen*
Nichts verstanden? – Weiterlernen!
Die wichtigsten Floskeln und Redewendungen

Buchklappe hinten *Die wichtigsten Fragen & Sätze*
Die wichtigsten Fragewörter, Richtungsangaben & Maßangaben

Neapels respekteinflößendes Wahrzeichen: der Vesuv

Vorwort

Sie interessieren sich für Neapel? Vielleicht sind Sie ja bereits Fan von Pizza, Limoncello, Büffelmozzarella und Insalata Caprese? Aber dennoch beginnen Sie zögerlich, dieses Büchlein durchzublättern, denn was um alles in der Welt ist Neapolitanisch? Spricht in der vielleicht schönsten Stadt der Welt denn nicht jeder Italienisch? Natürlich gehören Neapel und die Provinz Kampanien genauso zu Italien wie die Toskana, Venetien, das Piemont oder Ligurien, und dennoch haben die Neapolitaner einen ganz eigenständigen Charakter und eine unabhängige Kultur, die sich nur durch die eigene Mundart – das Neapolitanische – vollkommen erfahren lässt.

Zwar lernen alle Einwohner in der Schule ausschließlich auf Hochitalienisch, aber für die meisten hat die florentinische Variante des Toskanischen, die heute als Standardsprache des modernen Italien gilt, etwas Trockenes und Steifes. Die eigene Muttersprache, das Neapolitanische, hat dagegen einen lebendigen Charakter, der für die Menschen viel persönlicher und intimer ist als das Werkzeug der modernen Sprachpolitik – oder wie der Dialektologe Peter Wehle es so treffend gesagt hat: Hochsprache ist schwarzweiß, Dialekt ist Farbe!

Viel Spaß mit diesem Buch,
Daniel Krasa

Hinweise zur Benutzung

Der Kauderwelsch-Band „Neapolitanisch" ist in drei wichtige Abschnitte gegliedert:

Grammatik

Die Grammatik beschränkt sich auf das Wesentliche und ist so einfach gehalten wie möglich. Deshalb sind auch nicht sämtliche Ausnahmen und Unregelmäßigkeiten der Sprache erklärt. Wer nach der Lektüre gerne noch tiefer in die Grammatik eindringen möchte, findet im Anhang einige Tipps zum Weiterlernen. Natürlich kann man die Grammatik auch überspringen und sofort mit dem Konversationsteil beginnen. Wenn dann Fragen auftauchen, kann man immer noch in der Grammatik nachsehen.

Konversation

In diesem Teil finden Sie Sätze aus dem Alltagsgespräch, die Ihnen einen ersten Eindruck davon vermitteln sollen, wie Neapolitanisch „funktioniert" und die Sie auf das vorbereiten sollen, was Sie später in Neapel hören werden.

Wort-für-Wort-Übersetzung

Jede Sprache hat ein typisches Satzbaumuster. Um die sich vom Deutschen unterscheidende Wortfolge der Sätze auf Neapolitanisch zu verstehen, ist die Wort-für-Wort-Übersetzung in *kursiver* Schrift gedacht. Jedem neapolitanischen Wort entspricht ein Wort in der Wort-für-Wort-Übersetzung. Ein Beispiel:

Wird ein neapolitanisches Wort im Deutschen durch zwei Wörter übersetzt, werden diese zwei Wörter in der Wort-für-Wort-Übersetzung mit einem Bindestrich verbunden.

Jàmmocə a ffà na cammenàta!
gehen-uns zu machen eine Ausflug(w)
Lasst uns einen Ausflug machen!

So' austríaco/svìzzero.
bin Österreicher/Schweizer
Ich bin Österreicher/Schweizer.

Werden in einem Satz mehrere Wörter angegeben, die man untereinander austauschen kann, steht ein Schrägstrich zwischen diesen.

Mit Hilfe der Wort-für-Wort-Übersetzung können Sie bald eigene Sätze bilden. Sie können die Beispielsätze als Fundus von Satzschablonen und -mustern benutzen, die Sie selbst Ihren Bedürfnissen anpassen. Mit einem kleinen bisschen Kreativität und Mut können Sie sich neue Sätze „zusammenbauen", auch wenn das Ergebnis nicht immer grammatikalisch perfekt ausfällt.

Wörterlisten

Die Wörterlisten am Ende des Buches helfen Ihnen dabei. Sie enthalten einen Grundwortschatz von je ca. 1000 Wörtern Deutsch-Neapolitanisch und Neapolitanisch -Deutsch, mit denen man schon eine ganze Menge anfangen kann.

Umschlagklappe

Die Umschlagklappe hilft, die wichtigsten Sätze und Formulierungen stets parat zu haben. Aufgeklappt ist der Umschlag eine wesentliche Erleichterung, da nun die gewünschte Satzkonstruktion mit dem entsprechenden Vokabular aus den einzelnen Kapiteln kombiniert werden kann.

Wenn alles nicht mehr weiterhilft, dann ist vielleicht das Kapitel „Nichts verstanden? – Weiterlernen!" der richtige Tipp. Es befindet sich ebenfalls im Umschlag, stets bereit, mit der richtigen Formulierung für z. B. „Ich habe leider nicht verstanden." oder „Wie bitte?" auszuhelfen.

Seitenzahlen

Um Ihnen den Umgang mit den Zahlen zu erleichtern, ist auf jeder Seite die Seitenzahl auch auf Neapolitanisch angegeben!

Neapolitanisch: Sprache und Geschichte

Neapolitanisch ist mit 8-10 Millionen Sprechern nicht nur der am weitesten verbreitete Dialekt des Italienischen in Süditalien (Vergleich: Sizilianisch hat etwa 4,6 Millionen Sprecher), sondern auch der einzige, der auf eine lange Tradition in Schrift, Musik, Theater und Filmkultur zurückblicken kann und damit überall in Italien bekannt ist.

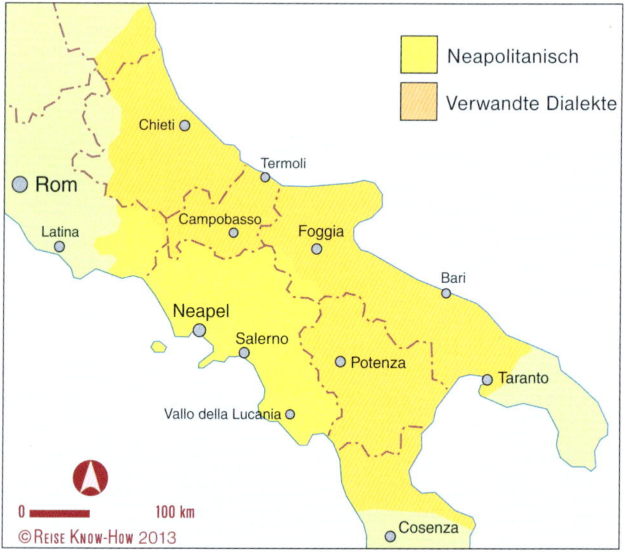

Neapolitanisch wird vorrangig in Neapel und der Region Kampanien gesprochen, bezeichnet im weitesten Sinne aber auch die Dialekte der umgebenden Regionen Mittel- und Süditaliens, die in Teilen des Lazio, den Abruzzen, Molise, Apulien, Basilicata und Nord-Kalabrien gesprochen werden. Neapolitanisch gilt deshalb auch als „die Mutter der kampanischen Dialekte".

Durch den Exodus vieler Süditaliener Ende des 19. Jahrhunderts ist das Neapolitanische, selbst in der zweiten und dritten Generation, auch heute noch die Muttersprache vieler Nachkommen italienischer Immigranten in Argentinien, Brasilien und den USA, und da ganz besonders in New York. Auch unter den seit den 1950er Jahren in Deutschland und Österreich beheimateten Gastarbeitern wird durchaus noch Neapolitanisch gesprochen.

Wie auch das Hochitalienische hat sich das Neapolitanische aus dem Vulgärlatein entwickelt, weist jedoch deutliche grammatikalische Unterschiede zu diesem auf, etwa die Genuskategorie Neutrum – die in allen anderen romanischen Sprachen außer dem Rumänischen weggefallen ist – und eine viel stärkere Beeinflussung des Vokabulars durch das Griechische (das bis ins neunte Jahrhundert eine wichtige Sprache Neapels war), das Spanische (Neapel stand zwischen 1442 und 1707 unter spanischer Herrschaft), das Französische, aber auch das Arabische. Einige Beispiele:

Deutsch:	Aprikose
Italienisch:	**albicocca**
Neapolitanisch:	**crisòmmola** von Griechisch *κροìσος μηλον*
Deutsch:	hinunter, runter
Italienisch:	**giù**
Neapolitanisch:	**abbàscio** von Spanisch *abajo*
Deutsch:	Korkenzieher
Italienisch:	**cavatappi**
Neapolitanisch:	**tirabbusciò** von Französisch *tire-bouchon*
Deutsch:	Orange
Italienisch:	**arancia**
Neapolitanisch:	**purtuàllo** von Arabisch *burtuqal*
Deutsch:	Schnurrbart
Italienisch:	**baffi**
Neapolitanisch:	**mustàccio** von Französisch *moustache*
Deutsch:	Streichholz
Italienisch:	**fiammifero**
Neapolitanisch:	**micciariéllo** von Spanisch *mechero*
Deutsch:	Topf, Gefäß
Italienisch:	**vaso**
Neapolitanisch:	**càntaro** von Griechisch *κάνθαρος*
Deutsch:	ungepflegter Mensch, Bauer
Italienisch:	**caprone**
Neapolitanisch:	**zìmmaro** von Arabisch *az-zamir*

Große Unterschiede gibt es außerdem in Bezug auf die Aussprache oder die Pluralbildung, so dass viele Sprachwissenschaftler und Romanisten dafür plädieren, Neapolitanisch als unabhängige Sprache und nicht als Dialekt zu bezeichnen. 2003 wurde der Vorschlag, Neapolitanisch als Studienfach an der Universität Neapel einzurichten, jedoch abgelehnt, da es sich hierbei lediglich um eine „Sprache" der Unterschichten handle. Weiterhin gab es auf nationaler Ebene legislative Bemühungen um die Anerkennung als offizielle Minderheitensprache (ähnlich wie etwa Friaulisch, Lombardisch, Sizilianisch, Deutsch in Südtirol etc.). Obwohl 2008 die Region Kampanien das Neapolitanische als Sprache anerkannt hat, gibt es weiterhin keine verbindliche Schreibweise, keinen Unterricht und keine neapolitanische Amtssprache.

Im Gegensatz zu diesem sprachwissenschaftlichen Dilemma steht die Tatsache, dass das Neapolitanische auf eine derart reiche Tradition in Literatur, Musik, Theater und Film zurückblickt, dass es geradezu absurd erscheint, dass diese „Sprache" von Rom negiert wird.

In den 50er Jahren wurden die Mandolinenklänge Neapels, aber auch Sänger wie **Peppino di Capri, Roberto Murolo, Nino Taranto** und **Renato Carosone** auch in Mitteleuropa bekannt. In Italien waren Künstler aus Neapel jedoch bereits seit Hunderten von Jahren tonangebend. Die Entste-

Offizielle Sprache Neapels war das Neapolitanische übrigens nie. Aber vor allem in der ersten Hälfte des 19. Jahrhunderts war es eine bedeutende Literatursprache, die erst mit der Vereinigung des Königreichs Italien(1861) schrittweise durch die Hochsprache in den Schatten gestellt wurde. Aber bereits im 20. Jahrhundert wurde das Neapolitanische wieder häufiger geschrieben und weist bis heute ein erstaunlich breites Repertoire an Poesie, Romanen und anderen Kunstformen auf.

Das Ziel dieses Kauderwelsch-Bandes ist es, Sie in erster Linie mit den „echten" Neapolitanern, ihrer Kultur und ihren Gebräuchen in Kontakt zu bringen.

hungsgeschichte der Oper ist z. B. ganz entscheidend durch die in Neapel schaffenden Künstler **Alessandro Scarlatti** (1659-1725), **Leonardo Vinci** (1690-1730) und **Giovanni Battista Pergolesi** (1710-1736) geprägt worden. Und wussten Sie, dass die vielleicht bekanntesten italienischen Lieder aller Zeiten, **'O Sole Mio** und **Funiculì Funiculà,** auf Neapolitanisch sind?

Allen voran aber sind es die Filme der 50er, 60er und 70er Jahre mit den Neapolitanisch sprechenden Schauspielern **Eduardo de Filippo** und **Totò,** aber auch **Sophia Loren,** die bis heute für den Durchschnittsitaliener die Seele der Stadt vielleicht am besten wiedergeben.

Aber Vorsicht: Neapolitanisch ist zwar die Umgangssprache der meisten Neapolitaner, dennoch bleibt Italienisch die Amts- und Bildungssprache. Gerade in den Bereichen Verwaltung, Gesundheitswesen, Kommunikation usw. wird das Neapolitanische nicht oft verwendet, man sollte hierfür unbedingt auch ein paar Italienischkenntnisse mitbringen.

Die sonst üblichen Kapitel „Behörden, Bank, Post & Telekommunikation" etc. werden in diesem Band nur sehr kurz behandelt, da man dort in aller Regel Italienisch spricht.

Abkürzungen	
m	männlich (maskulin)
w	weiblich (feminin)
s	sächlich (neutral)
Ez	Einzahl (Singular)
Mz	Mehrzahl (Plural)
a:	auch
allg.	allgemein

Aussprache und Umschrift

Die Aussprache des Neapolitanischen bereitet grundsätzlich keine besonderen Schwierigkeiten. Neapolitanisch wird ausgesprochen wie Italienisch, allerdings mit ein paar lautlichen Abweichungen, die in diesem Kapitel ausführlich erklärt werden.

Den meisten Buchstaben und Buchstabenverbindungen entsprechen im Übrigen die gleichen Laute wie im Deutschen.

Eigentlich wird alles gesprochen, wie es geschrieben wird und umgekehrt. Nur die unbetonten Selbstlaute am Wortende bilden eine Ausnahme. Mehr dazu auf den folgenden Seiten.

Mitlaute (Konsonanten)

Das Neapolitanische verfügt über die gleichen Mitlaute wie das Deutsche, nur fehlen die Buchstaben **k, w, x** und **y.**

Es ist wichtig zu wissen, dass einige Konsonanten nicht immer gleich ausgesprochen werden und je nach Stellung im Wort anders klingen können.

Das Neapolitanische hat grundsätzlich die Tendenz, harte Mitlaute weich auszusprechen. Das ist speziell so bei **c** (klingt oft wie „sch"), **p** (klingt oft wie „b") oder **t** (klingt oft wie „d"). Viele Neapolitaner artikulieren auch das **d** eher als **r,** so dass man durchaus hören kann: **rì** statt **dì** (sagen), **veré** statt **vedé** (sehen) und dementsprechend **rìco** ([ich] sage), **rìci** ([du] sagst) usw. Es folgt eine Liste mit allen Mitlauten:

Aussprache und Umschrift

	Aussprache	Beispiel
b	wie das deutsche *b* in „**B**iene", in der Wortmitte wird es oft sehr deutlich (bzw. verdoppelt) gesprochen, am Wortanfang dagegen kann es auch wie ein deutsches *w* klingen	**babbà** (Süßspeise) **arrubbà** (rauben)
c	vor **a, o** und **u** sowie vor Konsonanten wie das deutsche *k* in „**K**oblenz", vor **e** und **i** dagegen immer wie das deutsche *tsch* in „Qua**tsch**", oft auch wie *sch* in „**Sch**uh", **-ci** kann dabei auch vor einem weiteren Vokal stehen	**cavàllo** (Pferd) **ccà** (hier). **céna** (Abendessen) **cìmma** (Gipfel) **ciucciuvéttola** (kokettes Mädchen)
ch	immer wie das deutsche *k* in „Dan**k**"	**chiàgnere** (weinen)
d	normalerweise wie das deutsche *d*, von manchen Sprechern aber am Wortanfang und in der Wortmitte wie ein gerolltes **r** gesprochen, das Wort **addó** kann also auch wie **aró** klingen	**addó** (wo)
g	vor **a, o,** und **u** sowie vor Konsonanten (außer **n** und **l**)wie ein deutsches *g* in „**G**abel"; vor **e** und **i** dagegen immer wie das deutsche *dsch* in „**Dsch**ungel", **-gi** kann dabei auch vor einem weiteren Vokal stehen	**galèra** (Gefängnis) **góccia** (Tropfen) **guvèrno** (Regierung) **gèlo** (Eis) **girà** (drehen) **gióvene** (jung)
gh	wie das deutsche *g* in „**G**ebüsch"	**ghiésia** (Kirche)
gn	wie das deutsche *nj* in „Wan**ja**"	**gnògno** (schüchtern)
gli	wie das deutsche *j* in „**J**ahr"	**pàglia** (Stroh)
h	immer stumm (lautlos); kommt fast nur in Konsonantenverbindungen wie **ch** oder **gh** vor	**ha** ([er/sie] hat)

	Aussprache	Beispiel
j	wird wie das deutsche *j* gesprochen	**juórno** (Tag)
p	grundsätzlich wie das deutsche *p*, wird aber von vielen Sprechern eher wie *b* in „**B**us" ausgesprochen. Das Wort **puórco** kann demnach auch wie **buórco** klingen.	**puórco** (Schwein)
qu	kommt nur in qu vor und entspricht dem deutschen Laut *kw* wie in „**Qu**alle"	**quàtto** (vier) **quànno** (wann)
r	immer ein gerolltes Zungen-r wie im italienischen „**R**oma"	**rùsso** (rot) **raù** (Ragout)
s	in der Wortmitte zwischen Selbstlauten ist das **s** immer stimmhaft wie in „Hose", am Wortanfang, in seiner verdoppelten Form **ss**, sowie in den Verbindungen **sd** und **st** immer scharf wie in „Stra**ß**e" In den Kombinationen **sb, sca, sche, schi, sco, scu, sf, sg, sgh, sm, sp, squ** und **sv** wird **s** immer wie das deutsche *sch* in „**Sch**ein" ausgesprochen!	**paése** (Land) **sàbbato** (Samstag) **passà** (passieren) **stélla** (Stern)
sce	wie das deutsche *sche* in „**Sch**eck".	**scèmo** (dumm)
sci	wie das deutsche *schi* in „**Ski**". Folgt auf **sci** ein **a, o** oder **u**, spricht man es ebenfalls als *sch*	**scìrpia** (hagere Frau) **scióre** (Blume)
t	grundsätzlich wie das deutsche *t*, nur wird es von vielen Sprechern eher wie *d* in „**D**ose" ausgesprochen. Das Wort **tànto** kann demnach auch wie **tàndo** oder sogar **dàndo** klingen	**tànto** (so sehr)
v	immer wie das deutsche *w* in „**W**asser", jedoch nie wie *f* in „**f**angen"	**vasà** (küssen) **venì** (kommen)
z	wie das deutsche *z* in „**Z**oo"	**zappatóre** (Bauer)

Das ’

Das ’ steht normalerweise als Platzhalter für einen Vokal oder Konsonanten, der aus lautlichen Gründen wegfällt (**cə + è = c’è**) oder im Laufe der Jahre gänzlich verschwunden ist (z. B. bei den Artikeln **’a, ’e** oder **’o**). Gerade bei Lautverbindungen können mehrere Schreibungen auftreten, wobei das ’ nur eine mögliche Variante ist, so könnte **vàc’ truvànno ...** (ich suche nach...) auch als **vàco truvànno ...** geschrieben werden.

Verdopplung von Konsonanten

Fast alle Mitlaute (Konsonanten) können im Neapolitanischen auch verdoppelt vorkommen. Das ist zum Beispiel der Fall in **sètte** (sieben), **piccerìllo** (klein) oder **guàppo** (Gangster, Camorrista). Hierbei muss der entsprechende Buchstabe etwas länger betont werden bzw. bei beiden Silben klar gesprochen werden. Die Konsonantenverdopplung tritt auch durch gewisse grammatikalische Gesetzmäßigkeiten auf, so wird aus **’a fémmena** (die Frau) in der Mehrzahl **’e ffémmene** (die Frauen).

Es ist von entscheidender Bedeutung, diese Doppellaute eindeutig zu artikulieren, da sich hier leicht Bedeutungsunterschiede ergeben können, und man Gefahr läuft, missverstanden zu werden!

Selbstlaute

a	wie das deutsche *a* in „Re**g**al";	**amìco** (Freund)
	wird das *a* in einer Silbe betont,	**carròzza** (Kutsche)
à	trägt es gewöhnlich einen Akzent (`):	**carràfa** (Karaffe)
á	das **á** wird dagegen länger, etwa wie in „M**a**hl" oder „**Aa**l" gesprochen	**távla** (Tisch)
e	deutsches *e* wie in „**e**ssen";	**fémmene** (Frauen)
	wird das *e* in einer Silbe betont,	**tedèsco** (deutsch)
è	kann es auch einen Akzent (`) tragen:	**amprèsso** (früh)
é	wird dagegen etwas länger, etwa wie das deutsche *e* in „**E**sel"	**caré** (fallen)
i	wie das deutsche *i* in „**I**gel";	**gentilézza** (Freundlichkeit)
ì	wird das *i* in einer Silbe betont, kann es auch einen Akzent tragen:	**ìsso** (er)
í	wird etwas länger gesprochen	**vení** (kommen).
o	halboffenes *o* wie in „**O**lga" oder „**o**ffen":	**vìno** (Wein)
ò	ein betontes *o* trägt einen Akzent (`):	**pòsto** (Platz);
ó	wird dagegen wie in „**O**fen"gesprochen:	**cómme** (wie)
u	*u* wie in „**U**hr"	**nun** (nicht)
ù	auch das *u* kann einen Akzent tragen, wenn es betont werden soll	**mùcia** (Katze).
ə	kaum gesprochenes „e" im Auslaut wie im deutschen „Mück**e**"; dieser so genannte Schwa-Laut ist typisch für den neapolitanischen Dialekt, variiert aber von Sprecher zu Sprecher. Viele Muttersprachler sprechen sämtliche unbetonten Vokale im Auslaut als **ə**. *In diesem Buch sind die Vokale dennoch ausgeschrieben, siehe dazu auch die Anmerkungen zur Schreibung des Neapolitanischen auf den folgenden Seiten!*	**cə** (uns)

In Neapel spielt sich das Leben vor allem draußen ab

Betonung

Gundsätzlich wird immer die vorletzte Silbe eines Wortes betont. Wir haben aber in diesem Buch in sämtlichen mehrsilbigen Wörtern die Betonung durch einen Akzent – (`) oder ( ) – auf dem Selbstlaut der entsprechenden Silbe kenntlich gemacht: **ristorànte** (Restaurant), **spitàle** (Krankenhaus).

Bei einsilbigen Verben (und einigen anderen Wörtern) steht in der Grundform (Infinitiv) ebenfalls ein Akzent, um sie von der Form der dritten Person Gegenwart oder von anderen gleich geschriebenen Wörtern zu unterscheiden:

fà	machen, tun
aber : **fa**	[er/sie] macht
stà	sein
aber : **sta**	[er/sie] ist

Schreibung des Neapolitanischen

Es handelt sich beim Neapolitanischen bis dato um eine nicht vereinheitlichte Gruppe von Mundarten, die nur verhältnismäßig selten geschrieben werden. Zwar finden sich deutlich mehr literarische Werke auf Neapolitanisch als in den meisten anderen Regionalsprachen oder Dialekten Italiens, aber eine verbindliche Standardisierung, speziell der Rechtschreibung, ist immer noch nicht in Sicht.

An dieser Stelle weisen wir darauf hin, dass in unserer Schreibweise die unbetonten Selbstlaute am Wortende als diese geschrieben werden, und nicht als Schwa („gemurmeltes" **ə**, wie es die meisten Sprecher an dieser Stelle aussprechen). Hinter jedem **ə** verbirgt sich nämlich jeweils ein ganz bestimmter von den fünf Selbstlauten. Unsere Schreibweise entspricht der überwiegenden Praxis in der neapolitanischen Literatur und ist für Lernende leichter zu verstehen, da grammatikalische Zusammenhänge deutlich werden. Außerdem sprechen manche Neapolitaner, die durch die Schriftsprache beeinflusst sind, unbetonte Vokale eben doch voll aus. Auch wenn man langsam und deutlich spricht, treten die eigentlichen Selbstlaute wieder zutage.

Wir haben uns in diesem Buch um eine Schreibung bemüht, die leicht zu lesen und zu lernen ist, dennoch sind Fehler oder Ungenauigkeiten nicht auszuschließen. Wir bitten unsere Leser, uns dies nachzusehen.

Wörter, die weiterhelfen

Die folgenden Wendungen und Vokabeln werden Sie wahrscheinlich häufig brauchen, Sie benötigen dafür keine Grammatikkenntnisse, sondern können sofort mit dem Sprechen beginnen. Vor allem „bitte", „danke" und „Entschuldigung" sind oft von Nutzen.

Scusàtə!	Entschuldigung!
Pə ccortesìa!	Bitte! *(um etw. bitten)*
Pə ggentilézza!	Bitte! *(um etw. bitten)*
Gràzie!	Danke!
Graziassàje!	Vielen Dank!
oì!	Bitte (sehr), hier, bitte *(jmd etw. geben)*
cu ppiacére!	bitte *(= keine Ursache, Antwort auf „danke")*

Gibt es …?

In diesen Satz kann man alle passenden Vokabeln aus der Wörterliste unverändert einsetzen.

C'è …?	**C'è vvìno?**
hier'ist	*hier'ist Wein*
Gibt es …?	Gibt es Wein?

Im örtlichen Sinne verwendet man eher:

Cə sta…?	**Cə sta ppòsto?**
hier ist	*hier ist Platz*
Gibt es…?	Gibt es einen Tisch?

Mögliche Antworten hierauf sind:

Sì, c'è.
ja hier'ist
Ja, gibt es.

Sì, cə sta.
ja hier ist
Ja, gibt es.

No, nun c'è.
nein nicht hier'ist
Nein, gibt es nicht.

No, nun cə sta.
nein nicht hier ist
Nein, gibt es nicht.

Nochmals sei an dieser Stelle ausdrücklich betont, dass sämtliche auslautenden (unbetonten) Vokale meist als ə *gesprochen werden. Die Beibehaltung der Endungen ist also nur zur Vereinfachung und zum besseren Verständnis der grammatischen Strukturen gedacht!*

Wo ...?

Addó pòzzo i' a magnà?
wo kann gehen zu essen
Wo kann ich zum Essen hingehen?

Addó sta o' spitàle?
Wo ist der Krankenhaus
Wo gibt es hier ein Krankenhaus?

Ich suche ...

Vàc' truvànno ...
gehe findend ...
Ich suche nach ...

Vàc' truvànno nu bèllu ristorànte.
gehe findend ein schöner Restaurant
Ich suche nach einem schönen Restaurant.

Ich möchte ...

Vulèsse ...
würde-wollen ...
Ich möchte ...

Vulèsse na stànza.
würde-wollen eine Zimmer
Ich möchte ein Zimmer.

Hauptwörter (Substantive)

Anders als im Deutschen werden Hauptwörter im Neapolitanischen nicht gebeugt. Dafür unterteilt man diese ebenfalls in männliche, weibliche und (streng genommen) auch in sächliche Hauptwörter. Weibliche Hauptwörter enden in der Regel auf **-a**:

càsa	Haus
mammà	Mutter
zìa	Tante
jàtta	Katze

Für „Katze" sagt man neben **jàtta** *auch häufig* **mùcia.**

Männliche Hauptwörter dagegen enden meist auf **-o** und oft auf **-e**:

figlio	Sohn
jénnero	Schwiegersohn
fràte	Bruder
pàte	Blume

Das Neapolitanische zeichnet sich dadurch aus, dass es auch das Neutrum des Lateinischen erhalten hat. Begriffe, die unbelebt sind, gelten im Neapolitanischen als sächlich, wenn auch die Unterschiede zu männlichen Hauptwörtern praktisch nur in Verbindung mit dem bestimmten Artikel auftreten.

màre	Meer
làtte	Milch

pépe	Pfeffer
pàne	Brot
sàle	Salz

Dennoch sind nicht alle Wörter regelmäßig, und so sind beispielsweise folgende weiblich:

chiàve	Schlüssel
sète	Durst

... diese männlich:

prufèta	Prophet
puèta	Poet

... und diese sächlich:

prugràmma	Programm
probblèma	Problem

Im Neapolitanischen kann man aus männlichen Wörtern weibliche machen, indem man die Endung **-o** durch **-a** ersetzt. Natürlich nur bei den Wörtern, wo das auch einen Sinn ergibt!

figlio	Sohn
figlia	Tochter
figliùolo	junger Mann, Junge
figlióla	junge Frau, Mädchen
zìo	Onkel
zìa	Tante

Im weiteren Verlauf dieses Buches wird in der Wort-für-Wort-Übersetzung nur das Geschlecht derjenigen Hauptwörter kenntlich gemacht, die nicht bereits durch den Artikel, hinweisende Fürwörter oder ein entsprechendes Eigenschaftswort eindeutig zu erkennen sind.

Mehrzahl

Durch die Tatsache, dass der auslautende(nicht betonte) Vokal in der Regel als **ə** *gesprochen wird, fallen die phonetischen Unterschiede im gesprochenen Neapolitanisch kaum auf, die Beispiele klingen also ohnehin meist wie* **cumpàgnə, péscə, tàzzə** *und* **fémmenə,** *und zwar in der Ein- und Mehrzahl.*

Die Mehrzahlbildung im Neapolitanischen ist nicht sonderlich kompliziert. Die Grundregel ist, dass das **-o** der männlichen Hauptwörter in **-i,** das **-a** der weiblichen Hauptwörter in **-e,** und drittens das **-e** der männlichen, sächlichen oder weiblichen Hauptwörter in **-i** umgewandelt wird.

cumpàgne	Freund	**cumpàgni**	Freunde
pésce	Fisch	**pésci**	Fische
tàzza	Tasse	**tàzze**	Tassen
fémmena	Frau	**fémmene**	Frauen

Diese Regel gilt auch für Wörter wie **zìo** (Onkel), das dementsprechend regelmäßig zu **zìi** wird. Unregelmäßig dagegen sind andere Wörter wie:

Andere Wörter verändern sich in der Mehrzahl gar nicht, z. B. **città***(Stadt, Städte) oder* **cafè** *(Kaffee, Kaffees).*

òmmo	Mann	**uòmmene**	Männer
mùro	Mauer	**mùra**	Mauern
uòsso	Knochen	**òsse**	Knochen
távla	Tisch	**távulin**	Tische

Artikel

Genau wie das Deutsche kennt das Neapolitanische unbestimmte Artikel (ein, eine) und bestimmte (der, die, das). Man unterscheidet in Geschlecht (m / w / s) und Zahl (Ez / Mz).

bestimmte Artikel

Vor Hauptwörtern, die mit einem Vokal beginnen, ist der bestimmte Artikel immer **ll'**:

ll' „der, die, das" (Ez & Mz)	
ll'òmmo	der Mann
ll'uòmmene	die Männer
ll'aulìva	die Olive
ll'aulìve	die Oliven

Vor Hauptwörtern, die mit einem Konsonanten beginnen:

'o „der, das" (m Ez, s Ez)	
'o càne	der Hund

'a „die" (w Ez)	
'a fémmena	die Frau

'e „die" (m Mz, w Mz)	
'e zìi	die Onkel
'e távuli	die Tische

Steht **'e** vor einem weiblichen Hauptwort in der Mehrzahl, wird bei diesem der erste Konsonant verdoppelt:

'e ccittà	die Städte
'e ffémmene	die Frauen
'e ttàzze	die Tassen

Dies gilt auch für **'o**, wenn dieses vor einem sächlichen Hauptwort steht:

'o mmàre	das Meer
'o ppépe	der Pfeffer
'o llàte	die Milch
'o ccàsə	der Käse
'o ggàss	das Gas

unbestimmte Artikel

nu „ein" (m/s)	
nu pàne	ein Brot
nu signòre	ein Herr

na „eine" (w)	
na criatùra	ein Kind
na signòra	eine Dame

Vor Hauptwörtern, die mit einem Vokal beginnen, ist der Artikel immer **n'**:

n' „ein, eine" (m/s/w)	
n'ànno	ein Jahr
n'ùva	eine Traube

Eigenschaftswörter (Adjektive)

Eigenschaftswörter stehen meistens hinter dem Hauptwort, auf das sie sich beziehen, und richten sich in Zahl und Geschlecht nach diesem.

Die männliche Form des Eigenschaftswortes endet in der Regel auf **-o,** z. B. **bbuóno** = gut), die weibliche Form auf **-a (bbuóna, bbòna),** die Mehrzahlformen auf **-i (bbuóni)** bzw. **-e (bbuóne).**

In der weiblichen Mehrzahlform verwandelt sich **jànca** *(weiß) in* **jànche.** *Das „h" wird hier aus lautlichen Gründen eingeführt, da* **ce** *sonst wie „tsche" gesprochen werden würde. Vergleichen Sie dazu die Ausspracheregeln!*

'o lìbbro rùsso *das Buch rot(m)* das rote Buch	**'e lìbbri rùssi** *die Bücher rot(m/Mz)* die roten Bücher
'a rósa jànca *die Rose weiß(w)* die weiße Rose	**'e rróse jànche** *die Rosen weiß(w/Mz)* die weißen Rosen

Einige Eigenschaftswörter enden auf **-e.** Sie werden gleichermaßen bei männlichen oder weiblichen Hauptwörtern gebraucht. In der Mehrzahlform wird das **-e** zu **-i.**

'o guaglióne chiatte *der Junge fettleibig(Ez)* der fette Junge	**'e guagliùni chiatti** *die Jungen fettleibig(Mz)* die fetten Jungen
'a scàtola vèrde *die Schachtel grün(Ez)* die grüne Schachtel	**'e scàtole vèrdi** *die Schachteln grün(Mz)* die grünen Schachteln

Steigern & Vergleichen

Bei der Steigerung wird das Eigenschaftswort nicht gebeugt, sondern man verwendet das Wort **cchiù** (mehr), das beim Komparativ (1. Steigerungsstufe) vor das Adjektiv gestellt wird. Ebenso wird das Wort **méno** (weniger) verwendet:

bèllo	schön
cchiù bbèllo	schöner
méno béllo ('e)	weniger schön (als)

'O cchiù ppagliaccio 'e tutti quanti!
der mehr belustigend von alle wie-viele
Mehr Hanswurst als alle (anderen)!

Gerade umgangssprachlich hört man statt **mèglio** *aber auch* **cchiù bbuóno** *oder sogar* **cchiù mmèglio.**

Ausnahmen sind:

bbuòno	gut
mèglio	besser
màle	schlecht
pèggio, pèo	schlechter

Liétto e galèra fànno ll'òmmo pèggio 'e chìllu ca era.
Bett(s) und Gefängnis(w) machen der'Mann schlechter von jener was war
Das Bett und das Gefängnis verderben den Charakter eines Menschen.

Für die 2. Steigerungsstufe (Superlativ) wird vor die 1. Steigerungsstufe zusätzlich der bestimmte Artikel gestellt. Dabei richten sich das Eigenschaftswort und der Artikel in Zahl und Geschlecht nach dem dazugehörigen Hauptwort.

'o cchiù bbèllo	der Schönste
'a cchiù bbèlla	die Schönste

„sehr"

Um eine Eigenschaft hervorzuheben oder besonders zu betonen, gibt es drei verschiedene Möglichkeiten, die alle gleichermaßen benutzt werden können. Erstens, indem dem Eigenschaftswort das Wörtchen **assàje** (sehr, viel) nachgestellt wird; zweitens durch Verdopplung des Eigenschaftsworts und drittens durch Anhängen der Endung **-ìssimo.**

n'òmmo gruòsso assàje
ein'Mann groß sehr
ein sehr großer Mann

nu cafè ròce ròce
ein Kaffee süß süß
ein sehr süßer Kaffee

na guaglióna bruttìssima
eine Mädchen(w) hässlich-sehr
ein sehr hässliches Mädchen

Dafür hat man immer Zeit:
'a chiàcchiera (der Schwatz)

Das Neapolitanische kennt sowohl für Hauptwörter als auch für Eigenschaftswörter eine Verkleinerungsform, die durch die Endungen **-illo** und **-ella / -illa** gebildet wird, die an die Stelle des auslautenden Selbstlauts treten. Dabei verändern sich jedoch die Wortendungen leicht, z. B.:

stànza	Zimmer
stanzulèlla	Zimmerchen
tàzza	Tasse
tazzulèlla	Tässchen
vócca	Mund
vucchèlla	Mündchen
nu vvàso	ein Kuss
nu vasìllo	ein Küsschen

nu sciurìllo piccerìllo
ein Blümchen kleinchen
ein kleines Blümchen

Persönliche Fürwörter

Das höfliche „Sie" entspricht im Neapolitanischen der Form **vùje** (ihr). Diese Anredeform war in der Zeit Mussolinis auch im Hochitalienischen üblich. Sie ist in Neapel aber politisch vollkommen neutral!

io, i'	ich	**nùje**	wir
tu	du	**vùje**	ihr, Sie
ìsso / éssa	er / sie	**llòro**	sie (Mz)

Io, màmmeta e tu …
ich Mama-deine und du
Ich, deine Mutter und du …

Besitzanzeigende Fürwörter

Besitzanzeigende Fürwörter werden in Geschlecht und Anzahl an das Bezugswort angepasst und stehen in der Regel direkt hinter diesem:

	m/s Ez	w Ez	m/s Mz	w Mz
mein	**mio**	**méja**	**mìje**	**mèje**
dein	**tuòjo**	**tòja**	**tuòje**	**tòje**
sein / ihr	**suòjo**	**sòja**	**suòje**	**sòje**
unser	**nuòsto**	**nòsta**	**nuòste**	**nòste**
euer, Ihr	**vuòsto**	**vòsta**	**vuòste**	**vòste**
ihr (Mz)	**llòro**	**llòro**	**llòro**	**llòro**

'o bbicchiére mio	**'e figli tuòje**
das Glas mein	*die Söhne meine*
mein Glas	deine Söhne

'a cumpàgna vòsta	**'e ttàzze nòste**
die Freundin eure	*die Tassen unsere*
Ihre/eure Freundin	unsere Tassen

Mit diesen Informationen dürfte auch das vielleicht berühmteste Opernstück **'O sóle mio** (meine Sonne) „entschlüsselt" werden ...

In der Umgangssprache findet sich außerdem die Kombination aus **r'ò / d' 'o** (von dem) oder **r'à / d' 'a** (von der) in Kombination mit den besitzanzeigenden Fürwörtern:

'stu lìbbro r'ò mio	**'sta càsa r'à tòja**
dieses Buch von'der mein	*diese Haus von'die deine*
mein Buch	dein Haus

Daneben gibt es Kurzformen wie **-mo/-ma** (mein/e) und **-to/-ta** (dein/e), die an das „besessene" Hauptwort angefügt werden und gern bei Verwandtschaftsbeziehungen benutzt werden, z. B.:

fràtemo	mein Bruder
mámmeta	deine Mutter
muglièrema	meine Frau
nònneta	deine Großmutter
pàtemo	mein Vater
sòrema	meine Schwester
zìteta	deine Tante

Dieses und Jenes

Hinweisende Fürwörter (Demonstrativpronomen) werden im Neapolitanischen vor das Hauptwort gestellt und richten sich in Zahl und Geschlecht nach diesem.

	m, s Ez	**w Ez**
diese / -r/ -s (hier)	**chìstu / 'stu**	**chèsta / 'sta**
	m, s Mz	**w Mz**
diese (hier)	**chìsti / 'sti**	**chèsti / 'sti**

Für „diese/r/s hier" werden die beiden hier aufgeführten Formen gleichermaßen benutzt. Oft werden die Ausdrücke **ccà** *(hier) und* **llà** *(dort) ergänzt.*

	m, s Ez	**w Ez**
jene / -r/ -s (dort)	**chìllu**	**chèlla**
	m, s Mz	**w Mz**
jene (dort)	**chìlli**	**chèlli**

Chi è 'stu signòre?
wer ist dieser Herr
Wer ist dieser Herr?

'Sta guagliòna è 'a cumpàgna mia.
diese Mädchen(w) ist die Freundin(w) meine
Dieses Mädchen ist meine Freundin.

'stu lìbbro ccà	dieses Buch hier
chèlla càsa llà	jenes Haus dort
chèlli criatùre nòste	(jene) unsere Kinder (dort)

Dieses und Jenes

Die hinweisenden Fürwörter können aber auch ohne ergänzendes Hauptwort stehen:

Chìsto è nnuòsto e chìllu è vvuòsto.
Dieser ist unser und jener ist euer
Dieses gehört uns und jenes euch.

Chèsta è bbèlla, ma chèlla è bbrùtta.
diese ist schön aber jene ist hässlich
Diese ist schön, aber jene ist hässlich.

Außerdem gibt es die beiden Wörter **oì** und **te'** bzw. **tècche,** die etwa „hier ist" heißen:

Oì 'a tàzza 'e caffè!
hier-ist die Tasse(w) von Kaffee
Hier ist die Tasse Kaffee!

Tècchete!
hier ist-dich
Da bist du ja!

Der allgegenwärtige Trubel Neapels lässt sich am besten sitzend genießen

Verben und Zeiten

Die neapolitanischen Verben bestehen aus einem Stamm und einer Endung. In der Grundform (Infinitiv) gibt es die folgenden regelmäßigen Endungen: **-à** und **-é.**

parlà	sprechen
caré	fallen

Die Grundform kann wie im Deutschen mit einem Artikel stehen: „das Arbeiten", „das Schlafen", usw.

'O cchiù bbèllo d' 'a vìta è 'o ddurmì.
der mehr schön von'die Leben ist das schlafen
Schlafen ist das Schönste im Leben.

Regelmäßige Tätigkeitswörter

Bei der Beugung ersetzt man die Endung der Grundform durch die Endung für die handelnde Person („ich, du" usw.). Der Stamm bleibt dabei unverändert - wenn sich auch die Betonung häufig verschiebt. Dennoch gilt: je nach Endung der Grundform werden die Verben unterschiedlich gebeugt, wobei es nur zwei Muster gibt, erstens die Verben auf **-à** und zweitens die auf **-é.** Die Bindestriche in der folgenden Tabelle sollen nur die Beugungsendung hervorheben.

	parl-à (sprechen)	**car-é** (fallen)
ich	**pàrl-o**	**càr-o**
du	**pàrl-i**	**càr-i**
er / sie	**pàrl-a**	**càr-e**
wir	**parl-àmmo**	**car-ìmmo**
ihr, Sie	**parl-àte**	**car-ìte**
sie (Mz)	**pàrl-ano**	**càr-eno**

Diese Vokalveränderungen sind vor allem aussprachebedingt, und mit der Zeit bekommt man dafür ein Gefühl!

Daneben gibt es zwei weitere Formen von Tätigkeitswörtern auf **-ere** und **-ì**, bei denen der erste Vokal meist einen Lautwandel erfährt. Dies ist z. B. der Fall bei den folgenden Verben:

	còrr-ere (laufen)	**mòv-ere** (bewegen)
ich	**còrr-o**	**mòv-o**
du	**cùrr-i**	**muòv-i**
er / sie	**còrr-e**	**móv-e**
wir	**curr-ìmmo**	**muv-ìmmo**
ihr, Sie	**curr-ìte**	**muv-ìte**
sie (Mz)	**còrr-eno**	**móv-eno**

	pèrd-ere (verlieren)	**ròrm-ere** bzw. **rurm-ì** (schlafen)
ich	**pèrd-o**	**ròrm-o**
du	**pièrd-i**	**ruòrm-i**
er / sie	**pèrd-e**	**ròrm-e**
wir	**perd-ìmmo**	**rurm-ìmmo**
ihr, Sie	**perd-ìte**	**rurm-ìte**
sie (Mz)	**pèrd-eno**	**ròrm-eno**

Wer von sich sagen kann: **„Pàrlo 'o Nnapulitàno!"**, erntet Sympathie – nicht nur beim Einkaufen

Und damit können wir bereits richtige Sätze bilden:

Parlàte 'o Nnapulitàno?
sprecht das Neapolitanisch(s)
Sprechen Sie Neapolitanisch?

Ciérto paisà, 'o pàrlo bbène!
sicher Bauer das spreche gut
Klar, mein Freund, ich spreche es gut!

Quànno partìte?
wann fahrt-ab
Wann fahrt ihr ab?

Partìmmo ògge o rimàne?
fahren-ab heute oder morgen
Fahren wir heute oder morgen ab?

Unregelmäßige Verben

Neben den regelmäßigen Verben gibt es auch einige unregelmäßige, zu denen leider viele häufig gebrauchte gehören und die man einfach lernen muss. Zu den wichtigsten gehören:

	rà (geben)	**dì / dìcere** (sagen)	**fà** (machen)
ich	**ròngo / do'**	**dìco**	**fàccio**
du	**ràje**	**dìci**	**fàje**
er / sie	**rà**	**dìce**	**fa**
wir	**ràmme**	**dicìmmo**	**facìmmo**
ihr, Sie	**ràte**	**dicìte**	**facìte**
sie (Mz)	**rànno**	**dìceno**	**fànno**

	jì / ì (gehen)	**puté** (können)	**sapé** (wissen)
ich	**vàco**	**pòzzo / po'**	**sàccio**
du	**vaje**	**può**	**sàje**
er / sie	**va**	**pò**	**sàpe**
wir	**jàmmo**	**putìmmo**	**sapìmmo**
ihr, Sie	**jàte**	**putìte**	**sapìte**
sie (Mz)	**vànno**	**pònno**	**sàpeno**

	veré (sehen)	**vení** (kommen)	**vulé** (wollen)
ich	**vèco**	**vèngo**	**vòglio**
du	**vìre**	**vièni**	**vuò**
er / sie	**vère**	**vène**	**vò**
wir	**verìmmo**	**venìmmo**	**vulìmmo**
ihr, Sie	**verìte**	**venìte**	**vulìte**
sie (Mz)	**vérono**	**vènono**	**vònno**

Che ddìci?
was sagst
Was sagst du?

Addò jàte?
wo geht
Wo geht ihr hin?

Vòglio nu caffè cu llàtte.
will ein Kaffee mit Milch
Ich möchte einen Kaffee mit Milch.

Facìmmo na fèsta!
machen eine Fest(w)
Wir machen ein Fest!

Hilfs- und Modalverben

Im Neapolitanischen ist das Kapitel der Tätigkeitswörter recht umfassend. Zuerst einmal die beiden Hilfsverben „sein" und „haben", die jeweils zwei Versionen kennen und, wie in allen romanischen Sprachen und Mundarten, unregelmäßig sind. Da man sie sowohl in einfachen Sätzen, als auch zur Bildung von weiteren Zeitformen benötigt, kommt man wohl kaum darum herum, sie auswendig zu lernen.

	èssere (sein)	**sta** (sein, sich befinden)
ich	**so' / sòngo**	**sto / stòngo**
du	**si' / si**	**stàje**
er /sie	**è**	**sta**
wir	**sìmmo**	**stàmmo**
ihr, Sie	**site**	**stàte**
sie (Mz)	**so' / sòngo**	**stànno**

Nach **so'** *(aber nicht* **sòngo***),* **si** *(und* **si'***) und* **è** *tritt eine Konsonantenverdopplung auf!*

Der Unterschied zwischen beiden Formen ist, dass mit **èssere** nur unabänderliche oder charakteristische Wesenzüge beschrieben werden (Beruf, Charakter- oder Wesenseigenschaften, Herkunft, Nationalität oder Religion):

Io so' ttedèsco e tu si' taliàno.
ich bin Deutscher und du bist Italiener
Ich bin Deutscher, und du bist Italiener.

Chìllu è ccafòne!
jener ist schlecht-erzogen
Der dort ist schlecht erzogen!

Stà drückt dagegen einen vorübergehenden oder veränderlichen Zustand aus, z. B. Ortsangaben, Befinden, Stimmung usw.

Stàmmo malàti.
sind krank
Wir sind krank.

Addò stàte?
wo seid
Wo seid ihr?

Dìmmə addò stàje!
sag-mir wo bist
Sag mir, wo du bist!

Auch zur Bildung der Verlaufsform wird **stà** benutzt, bei der an den Verbstamm die Endung **-ànno** bzw. **-ènno** gehängt wird.

Sto ccercànno 'a valìgia méja.
bin suchend die Koffer(w) meine
Ich suche gerade meinen Koffer.

Stàte durmènno?
seid schlafend
Schlaft ihr (gerade)?

	(h)avè (haben)	**tené** (besitzen)
ich	**àggio**	**tèngo**
du	**(h)àje / e'**	**tiène**
er / sie	**(h)àve / (h)a**	**tène**
wir	**avìmmo / avìmmə**	**tenìmmo**
ihr, Sie	**avite**	**tenite**
sie (Mz)	**àveno / (h)ànno**	**tèneno**

Auch hier gilt, dass es oftmals zwei verschiedene Formen gibt, die je nach Sprecher, Situation, aber auch regional verwendet werden. Vorsicht bei der Aussprache: das **h** *in* **havè, hàje** *und* **hàve** *wird nicht gesprochen!*

Avè wird im Neapolitanischen heute fast nur noch als Hilfsverb zur Bildung der zusammengesetzten Vergangenheitsform und in der Kombination **avè a (dda)** (*haben zu [von]* = müssen) verwendet. **Tené** bezeichnet „haben", wenn es um Besitz geht.

Àggi' a ffà 'sta fatìca.
habe zu machen diese Arbeit(w)
Ich muss diese Arbeit machen.

Tiène tièmpo?
hast Zeit
Hast du Zeit?

Tèngo sèmpe raggióne!
habe immer Vernunft
Ich habe immer recht!

Avìmmə a tturnà a Nnàpule.
haben zu zurückkommen nach Neapel
Wir müssen zurück nach Neapel.

Vergangenheit (Perfekt)

Das Neapolitanische kennt mehrere Vergangenheitsformen. Hier zuerst das zusammengesetzte Perfekt, z. B. „ich habe gesprochen". Zur Bildung dieser Form benötigt man zunächst das Partizip Perfekt („gesprochen"), das ganz einfach zu bilden ist: bei regelmäßigen Verben ersetzt man die Gegenwartsendung **-à, -é** durch die Endung **-àto** bzw. **-ùto** (z. B. **parlàto,** gesprochen, **cadùto,** gefallen), und die auf **-ì** durch **-ìto** (z. B. **capìto,** verstanden).

Zusammengesetztes Perfekt

Diese Formen können mit den Hilfsverben **èssere** (sein) oder **avé** (haben) stehen, wobei diejenigen, die mit **avé** stehen, nicht nach Zahl und Geschlecht verändert werden.

'O prufessòre ha spiegàto tùtto ma ìsso nun ha capìto mànc' 'o ccàzzə!
der Professor hat erklärt alles aber er nicht hat verstanden nicht-mal'der Schwanz
Der Lehrer hat alles erklärt,
aber er hat gar nichts verstanden!

pèrdere 'a fantasìa
ist ein poetischer Ausdruck dafür, etwas mit besonderer Hingabe auszuführen.

Àggio perdùto 'o ssuónno e 'a fantasìa!
habe verloren der Schlaf und die Phantasie
Ich habe den Schlaf und die Phantasie verloren!

Das Hilfsverb **èssere** wird speziell bei Tätigkeitswörtern der Bewegung gebraucht. Allerdings verändert sich hierbei die Endung nach Geschlecht und Zahl:

Endung auf ...	-à	-e	-ì
m Ez	-àto	-ùto	-ìto
w Ez	-àta	-ùta	-ìta
m Mz	-àti	-ùti	-ìti
w Mz	-àte	-ùte	-ìte

So' ppartìto amprèsso 'sta matenàta.
bin abgefahren früh diese Morgen(w)
Heute morgen bin ich früh losgefahren. (*sagt ein Mann*)

Achten Sie auf die weich gesprochenen Konsonanten, so klingt **amprèsso** *meist eher wie* **ambrèsso.**

Quànno si' arrivàta?
wann bist angekommen(w)
Wann bist du angekommen? (*zu einer Frau*)

Addò sìte jùti?
wo seid gegangen(Mz)
Wohin seid ihr gegangen? (*zu mehreren Pers.*)

unregelmäßige Perfektformen

Auch hier gibt es leider wieder einige Unregelmäßigkeiten. Im Folgenden eine Liste mit den wichtigsten Verben und ihren unregelmäßigen Perfektformen.

arapì	öffnen
apiérto / arapùto	geöffnet
ascì	hinausgehen
asciùto	hinausgegangen
chiòvere	regnen
chiùvuto	geregnet
còcere	kochen
cuótto	gekocht
crèrəre	glauben
crerùto	geglaubt
dà / rà	geben
dàto / ràto	gegeben
dì / rì	sagen
dìtto / rìtto	gesagt
ésse	sein
stàto	gewesen
fà	machen, tun
fàtto	gemacht, getan
jì / ì	gehen
iùto / jùto	gegangen
lèggere	lesen
lètto	gelesen
mèttere	stellen, legen
mìso	gestellt, gelegt
murì	sterben
muórto	gestorben
'nzerràre	schließen
'nzerràto	geschlossen
pèrdere	verlieren
perdùto / pèrso	verloren

Neben **'nzerràre** *hört man für „schließen" auch das aus dem Italienischen entlehnte* **'nchiùrere ('nchiùso).** *Außerhalb Neapels, in der Provinz, sagt man statt* **vèvuto** *ab und zu* **vìppeto.**

puté	können
putùto	gekonnt
rispónnere	antworten
rispósto	geantwortet
rómpere	kaputtmachen, brechen
rùtto	kaputt gemacht, gebrochen
rimanè	bleiben
rimàsto	geblieben
sapé	wissen
sapùto	gewusst
scrìvere	schreiben
scrìtto	geschrieben
sta	sein, sich befinden, sich aufhalten
stàto	geblieben, ergangen, aufgehalten
succèrere	geschehen
succièsso	geschehen
tené	haben, besitzen
tenùto	gehabt
veré	sehen
vìsto visto	gesehen
vévere	trinken
vèvuto	getrunken
vulé	möchten, wollen
vulùto	gemocht, gewollt

Ch' è ssucciésso?
was' ist geschehen
Was ist geschehen?

Weitere Zeitformen des Perfekt

Das **imperfetto** *bezeichnet einen längeren zeitlichen Ablauf, bei dem ein Bezug zur Gegenwart besteht, während das* **passato remoto** *eine abgeschlossene Handlung in der Vergangenheit beschreibt. In der gesprochenen Sprache kann man diese Formen häufig hören.*

Das zusammengesetzte Perfekt mag zwar die „benutzerfreundlichste" Vergangenheitsform sein, aber im Neapolitanischen benutzt man auch häufig Zeitformen, die im Italienischen als **imperfetto** und **passato remoto** bezeichnet werden. Hier eine Übersicht über die Bildung dieser Formen für die regelmäßigen Verben und „sein":

imperfetto

	parl-à (sprechen)	**car-é** (fallen)	**èssere** (sein)
ich	**parl-àvo**	**car-évo**	**ero**
du	**parl-àve**	**car-ìve**	**ire**
er /sie	**parl-àva**	**car-éva**	**era**
wir	**parl-àvəmo**	**car-évəmo**	**èrəmo**
ihr, Sie	**parl-àvəve**	**car-ìvəve**	**ìrəve**
sie (Mz)	**parl-àvano**	**car-évano**	**èrano**

Io quàse mə credèvo d'ascí sùlo cu ttə …
ich fast mir glaubte zu'weggehen alleine mit dir
Ich glaubte fast, mit dir alleine auszugehen ...

Quànno tə 'nzuràste, ero guagliòne.
als dich heiratetest-eine-Frau war Junge
Als du geheiratet hast,
war ich (noch) ein Junge.

passato remoto

	parl-à (sprechen)	**car-é** (fallen)	**èssere** (sein)
ich	**parl-àje**	**car-ètte**	**fùje**
du	**parl-àste**	**car-íste**	**fùste**
er /sie	**parl-àje**	**car-ètte**	**fùje**
wir	**parl-àimo / parl-àjemo**	**car-èttemo**	**fùjemo**
ihr, Sie	**parl-àstəve**	**car-ístəve**	**fùstəve**
sie (Mz)	**parl-àino / parl-àjeno**	**cad-èttero**	**fùjeno**

Accussì pparlàje Bellavìsta.
so sprach Bellaviste
So sprach Bellavista.

(Roman über das Leben in Neapel von Luciano De Crescenzo)

Cómme facètte màmmeta ...
wie machte Mutter-deine
Wie deine Mutter es machte ...

'O treno stèva ancorə dint'a stazziòne quànno àggio 'ntiso 'e prìmme mandulìne ...
der Zug war noch in' die Bahnhof wann habe gehört die erste(w/Mz) Mandolinen
Der Zug war noch im Bahnhof,
als ich (bereits) die ersten Mandolinen hörte.

Zukunft

Die einfachste und üblichste Form, die Zukunft auszudrücken, ist es, die Gegenwart des Tätigkeitswortes mit einem zukunftsspezifischen Zeitwort zu gebrauchen.

Che ffacìmmo 'sta nòtte?
was machen diese Nacht(w)
Was werden wir heute Abend machen?
(= unternehmen)

Pecché nun jàmmo a bballà?
warum nicht gehen zu tanzen
Warum gehen wir nicht tanzen?

Che ttiène a ffà 'a semmàna ca viène?
was hast zu machen die Woche(w) die kommt
Was wirst du nächste Woche machen müssen?

Es gibt aber auch eine separate Form, die Zukunft zu bilden. Hier die Formen der Verben **parlà** (sprechen), **caré** (fallen) und **èssere** (sein) in der Zukunft:

	parl-à	car-é	èssere
ich	parl-arràggio	car-arràggio	sa-rràggio
du	parl-arràje	car-arràje	sa-rràje
er	parl-arrà	car-arrà	sa-rrà
wir	parl-arràmmo	car-arràmmo	sa-rràmmo
ihr	parl-arràte	car-arràte	sa-rràte
sie	parl-arrànno	car-arrànno	sa-rrànno

Dimàne parlarràggio c' 'o duttòre.
morgen sprechen-werde mit'der Doktor
Morgen werde ich mit dem Doktor sprechen.

Dìmmə quànno sarràje ccà.
sag-mir wann wirst-sein hier
Sag mir, wann du hier sein wirst.

Po' verìmmo ...
dann werden-sehen
Schauen wir mal ... / Man wird sehen ...

Rückbezügliche Verben

Ähnlich wie das Deutsche kennt das Neapolitanische auch rückbezügliche Verben. Diese haben in der Grundform stets die zusätzliche Endung **-rsə** („sich"), z. B. **lavàrsə** („sich waschen"). Bei der Beugung trennt sich **-sə** vom Infinitiv und wird zu einem selbständigen rückbezüglichen Fürwort, das vor dem (gebeugten) Verb steht.

lavàrsə (sich waschen)	
mə làvo	ich wasche mich
tə làvi	du wäschst dich
sə làva	er / sie wäscht sich
cə lavàmmo	wir waschen uns
və lavàte	ihr wascht euch, Sie waschen sich
sə làvano	sie waschen sich

Das Neapolitanische hat viele rückbezügliche Verben. Wie man sieht, sind nicht all diese Tätigkeitswörter auch im Deutschen rückbezüglich und auch umgekehrt gibt es Unterschiede:

abbracciàrsə	sich umarmen
allicciàrsə	ins Bett gehen
annammuràrsə	sich verlieben
fàrsə 'a càpa	sich kämmen
ìrsəne	weggehen
pèrdersə	sich verlieren
sgarràrsə	sich irren
vestìrsə	sich anziehen, sich kleiden

Sə sòse 'o pprìmma pussìbbile.
sich aufsteht das zuerst möglich
Er steht so früh wie möglich auf.

Sə fa 'a càpa.
sich macht die Kopf(w)
Er / sie kämmt sich.

Cə sgarràmmo.
uns irren
Wir irren uns.

Fängt ein Tätigkeitswort mit einem Selbstlaut an, wird das rückbezügliche Fürwort verkürzt:

T'arricuòrdi.
dich'erinnerst
Du erinnerst dich.

Pecché s'abbràcciano?
warum sich'umarmen
Warum umarmen sie sich?

Màmmeta minàccia e ppàteto s'arràggia!
Mutter-deine droht und Vater-dein sich'aufregt
Deine Mutter droht, und dein Vater regt sich auf!

Umgangssprachlich werden z. B. auch die Verben **magnà** (essen), **jì** (gehen) oder **vulé** (möchten, wollen) rückbezüglich gebraucht:

Ògge che vvə magnàte?
heute was' euch esst
Was esst ihr heute?

Mə vòglio fà na bbèlla zùppa 'e làtte!
mich will machen eine schöne Suppe(w) von Milch
Ich will so richtig lecker frühstücken!

Jàmmocə a ffà na cammenàta!
gehen-uns zu machen eine Ausflug(w)
Lasst uns einen Ausflug machen!

Die Vergangenheit der rückbezüglichen Tätigkeitswörter wird immer mit dem Hilfsverb **èssere** gebildet.

Zwar hört man im Dialekt auch das italienische Wort **colezióne** *für „Frühstück", wirklich neapolitanisch ist dagegen* **zùppa 'e làtte.**

Mə so' sgarràto / sgarràta.
mich bin geirrt(m/w)
Ich habe mich geirrt. (*m/w*)

Tə si' scurdàto / scurdàta?
dich bist vergessen(m/w)
Du hast vergessen. (*m/w*)

In einigen Fällen wird das Wörtchen **ne** (davon) eingefügt:

Sùlo mə ne vàco sènza mànco nu penziéro.
alleine mich davon gehe ohne nicht-mal ein Gedanke
Ich gehe alleine weg, ohne einen Gedanken.

Tə ne si' asciùto d'accà.
dich davon bist rausgegangen von'hier
Du bist von hier hinaus gegangen.

Weihnachtsstimmung auf der Via Toledo

Umstandswörter (Adverbien)

Mit Umstandswörtern kann man Tätigkeitswörter, Eigenschaftswörter sowie weitere Umstandswörter näher bestimmen. Man unterscheidet selbständige Umstandswörter (hier, heute usw.), Umstandswörter des Grades (sehr, mehr usw.) und von Eigenschaftswörtern abgeleitete Umstandswörter. Meistens benutzt man im Neapolitanischen einfach die männlichen Formen der Eigenschaftswörter als Adverb:

Ìsso nu' ppàrla chiàro.
er nicht spricht klar
Er spricht nicht deutlich.

Faticàmmo assàje chiàno.
arbeiten sehr langsam
Wir arbeiten sehr langsam.

Tu ll'àje fàtto bbuòno.
du der'hast gemacht gut
Du hast es gut gemacht.

Für „gut" findet sich auch das „echte" Adverb **bbe'.**

Pecché cùrri accussì ffòrte?
warum rennst so schnell
Warum rennst du so schnell?

Sìmmo arrivàti jùsto mo'.
sind angekommen gerade jetzt
Wir sind gerade im Moment angekommen.

Im Neapolitanischen hat die männliche Form der Eigenschaftswörter neutralen Charakter. Sie wird adverbial gebraucht und bleibt folglich auch bei mehreren Personen unverändert.

Cammenàmmo sùlo in carrozzèlla ...
fahren alleine in Kutsche
Wir fahren alleine in einer Kutsche ...

Aus dem Standarditalienischen entlehnt ist die Bildung eines Umstandsworts, indem an die weibliche Form des Eigenschaftswortes die Endung **-mènte** bzw. **-mènne** angehängt wird:

allèro	fröhlich
alleramènte	fröhlich (Umst.)
pusitìvo	positiv
pusitivamènte	positiv (Umst.)

V' o' ddìco alleramènte.
euch' das sage fröhlich(Um.)
Ich sage es euch fröhlich.

Interessant ist, dass das Neapolitanische aus dem Adverb **màle** auch noch das „doppelte" Umstandswort **malamènte** bilden kann.

Àggio durmìto ovèro malamènte.
habe geschlafen wirklich schlecht(Um.)
Ich habe wirklich schlecht geschlafen.

An dieser Stelle seien auch die Ausdrücke **àto** (anderer), **ògne** (jeder) und **quàcche** (einige) erwähnt, nach denen übrigens die bekannte Konsonantenverdopplung eintritt.

àti ccòse
andere Dinge
andere Dinge

ògne vvòta
jede Mal(w)
jedes Mal

quàcche ccumpàgne
einige Freunde
einige Freunde

Wem? oder Wen?

Hauptwörter werden im Neapolitanischen – im Gegensatz zum Deutschen – nicht gebeugt! Die persönlichen Fürwörter dagegen werden auf die Fragen „wem?" oder „wen?" verändert. Die Formen entsprechen dann dem deutschen Dativ (mir, dir, ihm ...) oder dem Akkusativ (mich, dich, ihn ...). Allerdings unterscheidet man unbetonte und betonte Formen, hier zuerst die 1. und 2. Person:

	unbetont	betont
mich, mir	**mə / mmə**	**mə / mmə**
dich, dir	**tə / ttə**	**tə / ttə**
uns	**cə**	**nùje**
euch, Sie ,Ihnen	**və**	**vùje**

Die unbetonten Formen stehen immer vor dem Verb, die betonten dagegen meist nach dem Verb oder in Verbindung mit Präpositionen. Die Formen **mə, tə, cə** *und* **və** *werden vor einem Vokal zu* **m', t', c'** *und* **v'**.

Və dìco 'a verità.
euch sage die Wahrheit.
Ich sage euch die Wahrheit.

T'accàtto nu giurnàle.
dir'kaufe ein Zeitung
Ich kaufe dir eine Zeitung.

Die unbetonten Formen stehen außerdem mit der Befehlsform:

(Refrain eines berühmten Liedes von Renato Carosone)

Pìgliatə na pastìglia!
nimm-dir eine Tablette
Nimm (dir) eine Tablette!

In der 3. Person wird außerdem noch zwischen Dativ und Akkusativ unterschieden:

	unbetont	betont
sich	sə / ssə	ìsso / èssa
ihn, es (Akk)	'o / llo / ll'	-íllo / -éllo
sie (Akk)	'a / lla /ll'	-ílla / -élla
sie (Mz Akk)	'e / li / le	-ílli / -élle
ihm (Dat)	jie / lli	ìsso
ihr (Dat)	jie / lle	èssa
ihnen (Dat)	lli / ll'	lòro

Jie dìco tùtto.
ihm sage alles
Ich sage ihm alles.

Dimméllo!
sag-mir-es
Sag es mir!

'O siènti?
ihn hörst
Hörst du ihn?

Puortatèlla!
bringe-dich-sie
Bringe sie mit!

Mehr zur Befehlsform im Kapitel „Auffordern & Befehlen".

'E mmaccarùne so' ffrìsche, magnatélle!
die Maccaronis sind frisch iss-dich-sie
Die Nudeln sind frisch, iss sie!

Diese Formen werden auch häufig dort benutzt, wo im Deutschen das neutrale „es" steht:

Dìmmə tu che ll'àggi' a ddí ...
sag-mir du was ihn'habe zu sagen
Sag mir, was ich sagen soll, ...

... dìmmə tu cómm'àggi' a ffá ...
sag-mir du wie'habe zu machen
... sag mir, wie ich es machen soll ...

Wie eh und je: Fischerhafen von Mergellina

Verneinung

Aussagesätze werden durch **nu'** (in Kombination mit Konsonantenverdopplung) oder **nun** „nicht" verneint, das grundsätzlich vor der Satzaussage (Prädikat) steht.

Regional finden sich für „nicht" auch die Wörter **'un** *oder* **nn'**.

Nu' ppòzzo pavà.
nicht kann zahlen
Ich kann nicht zahlen.

Nu' ttèngo tièmpo.
nicht habe Zeit(m)
Ich habe keine Zeit.

Nun və verìmmo.
nicht euch sehen
Wir sehen euch nicht.

Nun vòglio abballà.
nicht will tanzen
Ich will nicht tanzen.

Möchte man dagegen ausdrücken, dass etwas „nicht mehr" passiert, stellt man der Satzaussage ein **cchiù** (mehr) nach:

Nun tə pòzzo cchiù vveré.
nicht dich kann mehr sehen
Ich kann dich nicht mehr sehen.

Genauso kann man auch **màje** (nie) anfügen, um „nie" auszudrücken:

Io nu' ttèngo màje suónno.
ich nicht habe nie Schlaf
Ich bin niemals müde.

Nun so' stàto màje add' 'o fràteto.
nicht bin gewesen nie bei-der Bruder-dein
Ich bin noch nie bei deinem Bruder gewesen.

Dann kennt das Neapolitanische auch noch eine Reihe geradezu poetischer Möglichkeiten, „nie" auszudrücken, wie z. B.:

Quànno mə pavarràje?
wann mich bezahlen-wirst
Wann wirst du mich bezahlen?

Quànno pìscia 'a gallìna!
wenn pinkelt die Henne
Am Sankt-Nimmerleins-Tag!

Fragen

Wie in vielen anderen Sprachen auch, wird im Neapolitanischen unterschieden zwischen Entscheidungsfragen und Ergänzungsfragen:

Entscheidungsfragen

Entscheidungsfragen sind Fragen, die man nur mit **sì** (ja), **no** (nein) oder **fòrze** (vielleicht), **po' èssere** (kann sein) bzw. **è capàce** (es ist möglich) beantworten kann. Die einfachste Methode eine Entscheidungsfrage zu stellen, ist es am Ende eines ganz normalen Aussagesatzes nur die Stimme anzuheben.

Jàte a Nnàpule?
gehen nach Neapel
Fahren Sie nach Neapel?

Avìte lètto 'stu lìbbro?
habt gelesen dieser Buch
Habt ihr dieses Buch gelesen?

Ergänzungsfragen

Ergänzungsfragen setzen einen vollständigen Satz als Antwort voraus. Sie werden normalerweise durch Fragewörter eingeleitet. Die wichtigsten Fragewörter des Neapolitanischen sind:

Das Fragewort **quànto?** *wird zu* **quànta?**, *wenn es sich auf etwas Weibliches bezieht. In der Mehrzahl(Plural) wird es zu* **quànte?**

wie viel?	**quànto?**
wie?	**cómme?**
wo?, wohin?	**addó / aró?**
woher?	**'a ró?**
welcher?	**quàle? / qua'?**
warum?	**pecché?**
wann?	**quànno?**
wer?	**chi?**
was?	**che?**

Quànte vòte?
wie-viele Male(w/Mz)
Wie oft?

Chi è?
wer ist
Wer ist das?

Che r'è, stu ccà?
was von'ist dieser hier
Was ist das?

Quànno vièni?
wann kommst
Wann kommst du?

Cómme stàje?
wie bist
Wie geht's dir?

Che ffàje?
was machst
Was machst du?

Bei solch einer Auswahl muss der erste postalische Gruß auf Neapolitanisch nicht lange auf sich warten lassen!

Cómme və chiammàte?
wie euch heißt
Wie heißen Sie?

Nach **che** (was) – auch als Ausruf – wird der folgende Konsonant verdoppelt:

Che zzòsa!
was Schmutz
Was für eine Sauerei!

Bindewörter (Konjunktionen)

Die wichtigsten Bindewörter des Neapolitanischen sind:

aber	**ma / ma però**
auch	**pùre**
da, weil	**pə bbìa ca, siccòme**
das, welche(-r, -s)	**ca**
deshalb, deswegen	**picciò/ pərciò / allòrə**
falls, wenn je	**casumàje**
fast	**quàse**
genug	**abbastànza**
mit	**co / cu**
nur	**sùlo / sulamènte**
oder	**o / oppùre**
oder auch, wenn auch	**osinò**
schon	**già**
so	**accussí**
solange	**fino ca**
und	**e**
und dann	**po' ropp e p', e dòppo**
vor allem	**'ncòppa a ttùtto**
während	**pə ttramènte**
weder ... noch ...	**né … né …**
weil	**pecché**
wenn, als, sobald	**quànno**
wenn, falls, ob	**si**
wie, da	**cómme, pə ttramènte (ca)**

Capìsco 'o Nnapulitàno, ma però nun 'o ppàrlo bbène.
verstehe das Neapolitanisch aber aber nicht das spreche gut
Ich verstehe Neapolitanisch, aber ich spreche es nicht gut.

Quànno tèngo tièmpo, vàco a Ssurriènto.
wenn habe Zeit(m) gehe nach Sorrent
Wenn ich Zeit habe, fahre ich nach Sorrent.

Sto malàto e perciò nu' ppòzzo vení.
bin krank und deshalb nicht kann kommen
Ich bin krank, deshalb kann ich nicht kommen.

Die Funktion von „das" / „welche (-r, -s)" und „dass" wird im Neapolitanischen durch **ca** erfüllt:

'e juórne ca pàssano
die Tage die vergehen
die Tage, die vergehen

Il'òmmo ca màgna
der'Mann der isst
der Mann, der isst

Sàccio c'o bbus nu' ppàrte cchiù.
weiß dass'das Bus nicht abfährt mehr
Ich weiß, dass der Bus nicht mehr fährt.

Addó sta 'o bbigliètto c'àggio accattàto?
wo ist das Fahrkarte das'habe gekauft
Wo ist die Fahrkarte, die ich gekauft habe?

Verhältniswörter (Präpositionen)

Nicht alle Verhältniswörter werden genau wie im Deutschen gebraucht.

auf	**'ncòppa**
außerhalb	**fòr / 'a fòra 'e ('a / 'o)**
bei	**addó**
bis	**finə a**
davon	**ne**
dort wo	**add' 'o**
für	**pə', pə**
gegen	**cóntrə**
gegenüber von	**'nfàccia a**
hinter, dahinter	**arrètə a**
in	**rint' / dint'**
innerhalb	**mmièz a**
mit	**co / cu**
nach (zeitlich)	**ròppə a / dòppə a**
nach, zu	**a**
nahe bei, neben	**vicìnə a / azzəccatə a**
ohne	**sènza ('e)**
über	**'ncòppa**
unter	**sòttə a**
von, seit, durch	**da / de / d'**
von, aus (örtlich)	**'a**
von (Zugehörigkeit)	**'e**
vor (zeitlich)	**primmə 'e**
vor, davor	**annànzə**
zusammen mit	**'nzième a / 'nzième cu**
zwischen	**tra**

Nach **a, cu** *und* **pə'** *tritt die bekannte Konsonantenverdopplung auf. Viele gebeugte persönliche Fürwörter verdoppeln den ersten Konsonanten* **-mme, -ttə** *usw. – wenn sie mit diesen Verhältniswörtern stehen. Außer* **cu mmə** *gibt es auch* **cu 'mmìcə** *(beide: mit mir).*

Vèngo 'nzième a tte.
komme zusammen zu dir
Ich komme mit dir.

Sìmmo 'e Nàpule paisà!
Sind aus Neapel Bauer
Wir sind aus Neapel, Kumpel!

Che cce magnàmmo dòpp' 'o bbàgno?
was uns essen nach' der Bad
Was essen wir nach dem Bad?

a

Besonders häufig steht die Präposition **a** (nach, zu) auch in Verbindung mit weiteren Verhältniswörtern. Steht danach ein Hauptwort mit Artikel, treten folgende Lautverbindungen auf:

a + 'a = 'a
a + 'e = 'e
a + 'o = 'o

vicìnə 'o màre
nahe zu-der Meer
nahe am Meer

dint' 'a casciafòrte
in' zu-die Safe(w)
im Safe/Tresor

sòttə 'e lièttì
unter zu-die Betten
unter den Betten

Vàco 'o ccìnema.
gehe zu-das Kino
Ich gehe ins Kino.

Ebenso kann man die Verhältniswörter mit **quàle** (welche, welcher, welches) kombinieren:

n' òmmo 'e quàle nun sə sàpe niénte
ein Mann von welcher nicht man weiß nichts
ein Mann, von dem man nichts weiß

'e pperzòne che qquàle faticàste
die Personen mit welchen arbeitetest
die Personen, mit denen du gearbeitet hast

Es gibt außerdem noch zwei sehr häufig gebrauchte Verhältniswörter. Diese sind **cə** bzw. **ncə** (hier) und **ne** (davon):

Nu' ccə pòzzo crérere.
nicht hier kann glauben
Ich kann das nicht glauben.

Nun ne sàccio niénte.
nicht davon weiß nichts
Ich weiß nichts davon.

... und nie hat man es weit zum Meer!

Auffordern & Befehlen

Die Befehlsform des Neapolitanischen ist nicht weiter schwierig, denn sie entspricht der uns bereits bekannten Verbform in der Gegenwart. Duzt man jemanden, verwendet man die Formen der dritten Person Einzahl (er/sie). Siezt man jemanden, ist die Form mit der zweiten Form Mehrzahl (ihr) identisch. Zum Beispiel für **cantà** (singen):

Cànta!	**Cantàte!**
sing	*singt*
Sing!	Singt! / Singen Sie!

Bei der Befehlsform der zweiten Person Einzahl treten Vokalveränderungen auf. So wird **jucà** (spielen) zu **juóca!** (spiel!) oder **zumpà** (springen) zu **zòmpa!** (spring!). Dies gilt auch für die Verben auf **-é, -ere** oder **-í,** bei denen die Duzform auf **-i** statt **-e** endet:

Ruórmi!	**Rurmíte!**
schlaf	*schlaft*
Schlaf (ein)!	Schlaft!

Die betonten und unbetonten Formen für Dativ und Akkusativ sind im Kapitel „Wem? oder Wen?" erklärt.

Direkt an die Befehlsform kann man die unbetonten Formen für den Dativ anfügen:

Dàtemə 'stu lìbbro!	**Scrivìtecə spìsso!**
gebt-mir dieser Buch	*schreibt-uns oft*
Gebt mir dieses Buch!	Schreibt uns oft!

Rìlli 'e venì!
sag-ihnen zu kommen
Sag ihnen, sie sollen kommen!

Pàrlami 'e te!
sprich-mir von dir
Erzähl mir von dir!

Assettàmmecə!
setzen-uns
Komm, setzen wir uns!

Bevìmmocə na còsa frésca!
trinken-uns eine Sache frisch(w)
Lass uns etwas Kaltes trinken!

In Verbindung mit rückbezüglichen Verben benutzt man jedoch die betonten Formen des Wem-Falls:

Siènte a mmə, vàtte a ccuccá!
höre zu mir geh-dich zu hinlegen
Hör auf mich, geh zu Bett!

Dicitancéllo a ìsso ca vèngo priésto!
sagt-ihn zu ihm dass komme bald
Sagt (es) ihm, dass ich bald komme!

Zahlen & Zählen

Grundzahlen

0	**zèro**
1	**ùno**
2	**dòje / ròje**
3	**tré**
4	**quàttə**
5	**cìnchə**
6	**sèje**
7	**sètte**
8	**òtto**
9	**nòve**
10	**diéce / riéce**

Bezieht sich **dòje** *auf ein männliches Hauptwort, wird es zu* **dùje: dòje paròle** *(zwei Wörter), aber* **dùje signòri** *(zwei Herren). Nach* **tré** *wird der folgende Konsonant verdoppelt:* **tré ffémmene** *(drei Frauen).*

Speziell **dùje** (zwei) und **quàttə** (vier) haben auch die Bedeutung „einige" oder „ein paar":

Dàtemə dùje minùti!
gebt-mir zwei Minuten
Gebt mir ein paar Minuten!

Ìsso tène sùlo quàttə zìlli 'ncàpə.
er hat nur vier Haare in-Kopf
Der hat nur ein paar Haare auf dem Kopf.

11	**ùnnəce**
12	**rùrəce**
13	**trìrəce**
14	**quattuórdəce**
15	**quìnnəce**

16	**sìrəce**
17	**riciassètte**
18	**riciòtto**
19	**riciannòve**
20	**vìnte**

30	**trèntə**
40	**quaràntə**
50	**cinquàntə**
60	**sissàntə**
70	**sittàntə**
80	**uttàntə**
90	**nuvàntə**

Im Gegensatz zum Deutschen stellt man bei den zusammengesetzten Zahlen die Einer den Zehnern nach, diese wiederum den Hunderten usw. Treffen zwei Selbstlaute aufeinander, wird einer davon verkürzt.

21	**vintùno** (*und nicht* **vintiùno**!)
22	**vintiròje**
23	**vintitré**
24	**vintiquàttə**
25	**vinticìnchə**
31	**trentùno**
32	**trentarόje**
33	**trentatré**
74	**sittantaquàttə**
85	**uttantacìnchə**
96	**nuvantasèje**

Hundert heißt **ciénto,** wobei in den zusammengesetzten Zahlen mit folgendem Vokal **ciente** benutzt wird. 200 heißt **duciénto.**

100	**ciénto**
101	**ciénteuno**
102	**ciénteddòje**
103	**cientettré**
119	**ciénto riciannòve**
120	**ciénto vìnte**
131	**ciénto trentùno**
142	**ciénto quarantarόje**
200	**duciénto**
201	**duciénteuno**
220	**duciénto vìnte**
221	**duciénto vintùno**
300	**treciénto**
301	**treciénteuno**

1000	**mìlle**
2000	**duimìla**
10.000	**riecəmìla**
100.000	**cientəmìla**
1.000.000	**nu milióne**
1.000.000.000	**nu miliàrdo**

Ordnungszahlen

Die Ordnungszahlen verhalten sich wie Eigenschaftswörter und richten sich in Zahl und Geschlecht nach dem entsprechenden

Hauptwort, dem sie in der Regel vorgestellt sind. Somit erhält man die weibliche Form der Ordnungszahlen, indem man die Endung **-o** durch **-a** ersetzt.

prìmmo	erster
sicòndo	zweiter
tèrzo	dritter
quàrto	vierter
quìnto	fünfter
sèsto	sechster
sèttimo	siebter
ottàvo	achter
nòno	neunter
récimo	zehnter

È 'a tèrza vòta ca tu stàje ccà.
ist die dritte Mal(w) dass du bist hier
Es ist das dritte Mal, dass du hier bist.

Bruchzahlen

miézo	einhalb
mmità	die Hälfte
nu tèrzo	ein Drittel
nu quàrto	ein Viertel

Zeit & Datum

Der Tag wird im Neapolitanischen wie folgt eingeteilt:

'o juórno	der Tag
'a jurnàta	der Tagesablauf
'a matìna	der Morgen
stammatìna	heute Morgen
'o mmiezujuórno	der Mittag
'a cuntróra	der Nachmittag
'a séra	der Abend
staséra	heute Abend
'a nòtte	die Nacht
'a mezanòtte	(mitter)nachts

Ll'àggio vìsto stammatìna.
ihn'habe gesehen diese-Morgen(w)
Ich habe ihn heute Morgen gesehen.

Weitere wichtige Zeitangaben sind:

ògge	heute
dimàne	morgen
doppedimàne	übermorgen
aiére	gestern
autriére	vorgestern
'o juórno appriésso	der Tag danach
amprèssa	früh
tàrde	spät

prìmma	vorher
dòppo, aròppo, po'	nachher, danach
già	schon
pe' tramènte	in der Zwischenzeit
a 'ntrasàtto	plötzlich
n'óra fa	vor einer Stunde
a n'at'óra	in einer Stunde
int'a nu mumènto	gleich, in einem Moment
mo'	jetzt
mo' mmo'	genau jetzt
sùbbeto, prìmm'e mo'	sofort
mo'mmò' ccà 'ntèrra	jetzt sofort
amprèssa	bald
sèmp(r)e	immer

Es finden sich auch Kombinationen aus diesen Zeitangaben:

dimanammatìna	morgen früh
dimanasséra	morgen Abend
dimanannòtte	morgen Nacht
aieremmatìna	gestern Morgen
aieresséra	gestern Abend
aierannòtte	gestern Nacht

Che ffàje ògge?
was machst heute
Was machst du heute?

Niénte, pecchè aieresséra àggio vèvuto tròppo …
nichts weil gestern-Abend habe getrunken zu-viel
Gar nichts, weil ich gestern Abend zu viel getrunken habe ...

Uhrzeit

Nach der Uhrzeit fragt man auf Neapolitanisch mit **che ór'è?**. Für die Antwort verwendet man das Wort **óra** (Stunde), das für die vollen Stunden wie folgt verwendet wird. Grundsätzlich sagt man die Uhrzeit im 12-Stunden-Rhythmus. Die einzige Ausnahme bildet nur 12 bzw. 24 Uhr.

È ll'ùna 'mpùnta.
ist die-eins(w) in-Punkt
Es ist genau ein Uhr.

Sòngh' 'e ttré.
sind'die 3
Es ist drei Uhr.

È mmiezujuórno.
ist Mittag(m)
Es ist 12 Uhr (Mittag).

È mmezanòtte.
ist Mitternacht(w)
Es ist Mitternacht.

Vielerorts gedenkt man in Neapel der **àneme pezzentèlle,** *der anonymen Seelen im Fegefeuer, die keine kirchliche Bestattung bekommen haben. Diese bronzenen* **càp' 'e mòrte** *(Totenschädel) in der Barockkirche* **Santa Maria Purgatorio ad Arco** *sollen Glück bringen.*

càp' 'e mòrte (Totenschädel), **Santa Maria Purgatorio ad Arco**

Die halbe Stunde wird umgekehrt wie im Deutschen gerechnet: „Halb fünf" drückt man also als „viereinhalb Uhr" aus.

Für die genauere Unterteilung in halbe und Viertelstunden gibt es die Wörter **mèza** (halb) und **quàrto** (Viertel) mit **e** (und) oder **mànco** (weniger):

... e mmèza	halb (...+1!)
... mànco nu quàrto	viertel vor ...
... e nu quàrto	viertel nach ...

Che ór'è?
was Stunde(w)'ist
Wie spät ist es?

È ll'ùna e mmèza.
ist die'eins und halb
Es ist halb zwei.

Sòngo ll'òtto e nu quàrto.
sind die'acht und ein Viertel(m)
Es ist viertel nach acht.

Sòngh' 'e sètte mànco nu quàrto.
sind'die sieben weniger ein Viertel(m)
Es ist viertel vor sieben.

nu sicónno	eine Sekunde
nu minùto	eine Minute
n'óra	eine Stunde
n'àttimo; nu momènte	ein Moment

Tiène nu rilòrgio?
hast ein Uhr(s)
Hast du eine Uhr?

Ìsso arrìva sèmpre a ttiémpo.
er ankommt immer zu Zeit(s)
Er kommt immer pünktlich.

A che óra cə verìmmo?
zu was Stunde(w) uns sehen-werden
Wann sehen wir uns?

Cə sentìmmo a n'at'òra.
uns hören-werden zu in'andere'Stunde
Wir hören uns in einer Stunde.

A vvìa 'e nnòve.
zu weg von neun
So gegen neun Uhr.

Ricìmm' 'e ssèje.
sagen'die sechs
Sagen wir so um 6 Uhr.

Datum

Nach dem Datum bzw. dem Wochentag fragt man wie folgt:

Che juórno è ògge?
was Tag(s) ist heute
Welchen Tag haben wir heute?

Ògg'è …
heute'ist
Heute ist …

N'avìmmo 'o vinticìnchə 'e lùgliə.
davon'haben der 25 von Juli
Wir haben den 25. Juli.

Cómme pàssa 'o ttiémpo!
wie vergeht das Zeit(s)
Wie die Zeit vergeht!

Die **Piazza del Plebiscito** ist das ganze Jahr über eindrucksvoll

Monate

gennàiə	Januar
febbràiə	Februar
màrzə	März
aprìlə	April
màggiə	Mai
giùgnə	Juni
lùgliə	Juli
aùstə	August
settèmbrə	September
uttóbrə	Oktober
nuvèmbrə	November
dicèmbrə	Dezember

'o mmése	der Monat
'o mmése passàto	letzten Monat
'o mmése che ttràse	nächsten Monat
'int'a nu mése	in einem Monat
ll'ànno	das Jahr
chist'ànno	dieses Jahr
ll'ànno che vvène	nächstes Jahr
ll'ànno passàto	vor einem Jahr

Jahreszeiten

'a primmavèra	Frühling
'a staggióne	Sommer
ll'autùnnə	Herbst
'o vviérnə	Winter

Im Süden Italiens bezeichnet man Frühling und Herbst als **miezzətiémpo** *(Zwischenjahreszeit).*

Wochentage

lunnerì	Montag
marterì	Dienstag
miercurì	Mittwoch
ggioverì	Donnerstag
viernarì	Freitag
sàbbato	Samstag
dumméneca	Sonntag
'a semmàna	die Woche
'a semmàna passàta	letzte Woche
'a semmàna ca ttràse	nächste Woche
ògge a òtto	in einer Woche

'A semmàna che ttràse jàmmo a Ccàpri.
die Woche(w) was eintritt gehen zu Capri
Nächste Woche fahren wir nach Capri.

Miercurì nu' stòngo occupàto.
Mittwoch nicht bin beschäftigt(m)
Mittwochs habe ich nichts zu tun.
(*sagt ein Mann*)

Feiertage

Die offiziellen Feiertage werden in der Regel nur auf Italienisch genannt:

1.1.	**Capodanno** (Neujahr)
6.1.	**Epifania** oder **Festa della Befana** (Heilige Drei Könige)
25.4.	**Festa della Liberazione** (Tag der Befreiung vom Faschismus)
1.5.	**Giorno del Lavoro** (Tag der Arbeit)
2.6.	**Festa della Repubblica** (Nationalfeiertag)
15.8.	**Ferragosto** (Mariä Himmelfahrt)
1.11.	**Ognissanti** (Allerheiligen)
4.11.	**Giornata delle Forze Armate** (Tag des Militärs und des Kriegsendes)
8.12.	**Immacolata Concezione** (Mariä Empfängnis)
25. + 26.12.	**Natale** (Weihnachten)

Am 8. Dezember, dem Tag der **Mariä Empfängnis,** *erklimmen Freiwillige die Madonnenstatue auf der Piazza del Gesù Nuovo, um ihr einen Blumenstrauß um die Füße zu binden.*

Daneben feiert man im streng katholischen Neapel, meist mit aufwendigen Prozessionen, Feste zu Ehren der Heiligen, wie z. B. **'O Cippo 'e Sant'Antonio** am 17. Januar, an dem die Gläubigen nicht mehr benötigte Gegenstände zeremoniell verbrennen, oder am 19. März

die **Fèsta 'e San Giusèppe,** zu der in der ganzen Stadt, vor allem in der Via Medina, die herrlichen **zéppole** (Teigkrapfen) gegessen werden.

Besonders typisch sind natürlich auch die „Blutwunder" genannten Feierlichkeiten, zu Ehren der **Santa Maria del Carmine** am 25. August in der Chiesa di San Gregorio Armeno und zu Ehren des **San Gennaro** am ersten Samstag im Mai, am 19. September und am 16. Dezember im Duomo di San Gennaro.

Die Diät ist in Neapel schnell vergessen – nicht nur an Feiertagen

Die beste Pizza der Stadt? – Ein beliebtes Gesprächsthema der **napoletani**

Kurz-Knigge

Neapel und seine Umgebung, die Region Kampanien, ist seit langer Zeit ein beliebtes Urlaubsziel – sowohl unter Italienern als auch, vor allem in den letzten Jahren, unter Deutschen, Österreichern, Schweizern und vielen anderen. Der Tourismus spielt sich aber nicht so sehr in Neapel selbst, sondern mehr an der nahe gelegenen Küste und auf den vorgelagerten Inseln wie Ischia und Capri ab, übrigens völlig zu Unrecht, ist Napoli doch ein Erlebnis für alle Sinne.

Neapolitaner sind Westeuropäer, kein exotisches Urvolk. Daher macht man mit freundlich gepflegten Umgangsformen à la Heimat sicher nichts verkehrt. Wer sich so (gut) verhält, wie er es zu Hause tut, der wird wohl keine nennenswerten Probleme haben.

Neapolitaner sind Südländer, und das bedeutet, dass vieles einfach lockerer gehandhabt wird. Man isst später, nimmt es mit der Pünktlichkeit nicht so streng, man ist flexibel, beißt sich nicht an Kleinigkeiten fest und schaltet einfach gerne mal einen Gang runter. Sich zu beschweren, wenn mal etwas nicht ganz so präzise und flott wie daheim abläuft, bringt gar nichts und löst nur Unverständnis aus. Also immer mit der Ruhe!

Ganz wichtig ist außerdem die **Familie,** zu der meist viel mehr Personen gehören, als das bei uns der Fall ist. Nicht selten leben neben den Eltern und Kindern auch noch die Großeltern mit unter einem Dach, und ab und an ist gerade auch noch der ein oder andere Verwandte auf Besuch. Übrigens ist es für Jugendliche nicht unüblich, bis zur Heirat bei den Eltern zu leben.

Grundsätzlich sind Neapolitaner außerdem offen und freundlich. Man interessiert sich füreinander und sucht die menschliche Wärme. Seien Sie nicht scheu und plaudern Sie mit Ihren Gastgebern.

Sicherheit: Neapel eilt sein schlechter Ruf als Hochburg des Verbrechens voraus. Wer etwas genauer hinsieht, stellt jedoch fest, dass die Stadt keineswegs gefährlicher als jede andere europäische Metropole ist. Am häufigsten taucht in der Kriminalstatistik der Taschendiebstahl auf, doch liegt Neapel hier deutlich hinter Städten wie Mailand, Florenz oder Pisa. Dennoch haben es gerade in den Sommermonaten die Diebe auf Touristen abgesehen. Lassen Sie Ihre Tasche nicht aus den Augen und tragen Sie sie immer auf der von der Straße abgewandten Seite, damit ein vorbeifahrender Motorradfahrer sie Ihnen nicht entreißen kann. Die Geldbörse gehört in die innere Jackentasche, der Rucksack auf Märkten oder in öffentlichen Verkehrsmitteln auf den Bauch und alle zu entbehrenden Wertgegenstände, wie wertvoller Schmuck oder größere Geldbeträge, in den Hotelsafe.

Gerne werden auch Autos aufgebrochen, daher sollte man nichts sichtbar im Auto liegen lassen und das Autoradio ebenfalls im Hotel deponieren. Am besten öffnet man auch das Handschuhfach, damit zu erkennen ist, dass es hier nichts zu holen gibt.

Wenn man bestohlen wurde, sollte man auf der nächsten Polizeistation Anzeige erstatten, denn das ist wichtig für Ansprüche gegenüber Versicherungen (z. B. Reisegepäckversicherung) usw.

Noch etwas zum Thema **Organisiertes Verbrechen:** Zwar ist Neapel das Zentrum der Camorra, der lokalen Ausgeburt der Mafia, und ihre Clans haben auf verschiedene Stadtviertel enormen Einfluss. Dennoch ist es äußerst unwahrscheinlich, dass man als Außenstehender davon etwas merkt oder gar mit diesem Problem „hautnah" konfrontiert wird. Interne Fehden in Form von Auftragsmorden oder bewaffneten Auseinandersetzungen kommen fast ausschließlich in einschlägigen Gegenden der Peripherie vor. In der Innenstadt hat die Polizei die Situation normalerweise im Griff.

Kleidung: Speziell bei einem Kirchenbesuch sollte man unbedingt auf eine dezente Erscheinung achten, immer lange Kleidung tragen und die Schultern stets bedeckt lassen. Andernfalls kann einem schon mal der Zutritt verweigert werden.

Begrüßen & Verabschieden

Die Begrüßung ist der Schlüssel zur Seele eines Menschen – gerade im Neapolitanischen ist dieser Satz besonders zutreffend. Durch die Begrüßung in der „echten Muttersprache" bezeugen Sie ein wahres Interesse an den Lebensgewohnheiten der Menschen. Sie identifizieren sich praktisch mit dem Gastgeber und seiner Kultur und erkennen seine Eigenarten an.

Neapolitaner plaudern gerne, und schon allein deshalb sollte man offen für diese Smalltalk-Situationen sein. Die meist spontanen Gespräche nennt man **chiacchierià** *(plaudern).*

begrüßen

salutà	begrüßen
salutàrsə	sich begrüßen
nu salùte	eine Begrüßung
dàrsə 'a màno	die Hand schütteln
abbraccià	umarmen
abbracciàrsə	sich umarmen
vasà	küssen *(meist auf die Wange)*
'o vvàso	der Kuss

Der wohl einfachste Gruß auf Neapolitanisch ist **ué!** das in etwa unserem „Hallo!" aber auch „Tschüß!" entspricht.

Daneben gibt es eine Reihe anderer Begrüßungsfloskeln, von denen die wichtigsten nachfolgende sind:

Bongiòrno!
Guten Morgen! *und* Guten Tag!

Bonaséra!
Guten Abend! (ab Sonnenuntergang)

Benvenùto/-a!
Willkommen! (zu Mann/Frau)

Auf einen Gruß folgt meist die Frage nach dem Befinden.

Cómme va?
wie geht
Wie geht's?

Cómme jàmmo?
wie gehen
Wie geht es uns?

Cómme stàje?
wie bist
Wie geht es dir?

Cómme stàte?
wie seid
Wie geht es Ihnen?

Umgangssprachlich hört man auch **Tùtt'a ppòsto?** (Alles klar?). Typische Antworten lauten:

Sto bbuóno/bbòna!
bin gut(m/w)
Es geht mir gut!

Sto nun c'è màle.
bin nicht hier'ist schlecht
Mir geht's nicht schlecht.

Neben **Nun c'è mmàle!** *hört man auch vereinzelt* **Nun c'è mmalàccio!** *(Es gibt kein großes Unheil!).*

Nun c'è mmàle, e vùje?
nicht hier'ist schlecht und ihr
Nicht schlecht, und Ihnen?

Na bellézza!
eine Schönheit(w)
Richtig gut!

Nu pòco stànco/-a.
ein wenig müde(m/w)
Etwas erschöpft.

Accussì accussì!
so so
So lala!

Na munnézza!
eine Müll(w)
Richtig schlecht!

Sto sfasteriàto/-a!
bin gelangweilt(m/w)
Ich bin gelangweilt! (= Nichts Neues!)

Beliebt sind auch philosophisch angehauchte Antworten, wie z. B.:

Bbuóno a' salùte, scàrz'a ddenàre!
gut(m) die 'Gesundheit(w) fehlt'von Geld(m)
Gesundheitlich alles gut, nur das Geld fehlt!

Lernt man jemanden kennen, sind die folgenden Sätze wichtig:

V'apresènto n'amìco.
euch vorstelle ein'Freund
Ich stelle Ihnen/euch einen Freund vor.

Piacére 'e canóscertə.
Freude(m) zu kennen-dich
Sehr erfreut. (wenn man sich duzt)

Piacére 'e canóscervə.
Freude(m) zu kennen-euch
Sehr erfreut. (höflich oder zu mehreren Pers.)

verabschieden

Stàte bbuóno/bbòna!
Auf Wiedersehen! (zu Frau/Mann)

Neben **Stàte bbuóno** hört man auch die rückbezügliche Variante **Stàtevə bbuóno** bzw. **stàtevə bbuóne.**

Ué!	Tschüß!
Bonanòtte!	Gute Nacht!
Cə verìmmo dimàne!	Man sieht sich morgen!
A ddòppo!	Bis gleich!
A ppriésto!	Bis bald!

Mə nə sto' jènno.
mich davon bin gehend
Ich bin dann mal weg.

Tànte salùtə a …
viele Grüße zu …
Viele Grüße an …

Salùtə a ttùtte!
Grüße zu alle
Viele Grüße an alle!

Tànte salùtə a ccàsa!
viele Grüße nach Haus(w)
Viele Grüße zu Hause!

Anrede

Die am häufigsten gehörte Anrede für Unbekannte, die man siezt, ist **signó** für (mein) Herr bzw. (meine) Dame, allerdings wird dies weit häufiger verwendet als im Deutschen, wo es ja meist recht antiquiert klingt. In Verbindung mit dem Familiennamen heißt es jedoch **signòr** (Herr...) und **signóra / sìe** (Frau...).

Bonanòtte signò!
Gute Nacht (der Herr/die Dame)!

Signó, trasìte!
Treten Sie ein (der Herr/die Dame)!

V'apresènto 'o signòr Rùsso.
euch'vorstelle der Herr Russo
Ich stelle Ihnen / euch Herrn Russo vor.

V'apresènto 'a signóra De Mattèo.
euch'vorstelle die Frau De Matteo
Ich stelle Ihnen / euch Frau De Matteo vor.

Ebenfalls verwendet werden – besonders für Männer – (Ehren-)Titel oder Berufsnamen wie: **duttó / dottó** (Herr Doktor), **cavalié** (Herr, eigentlich: Ritter), **avvucàto** (Herr Anwalt), **'ngigniére / 'ngignié** (Herr Ingenieur) oder **prufessó / prufessór** (Herr Professor). Diese Anredeformen kann man übrigens auch ironisch hören:

Ué duttó, tùtt'a ppòsto?
hi Doktor alles'zu Ort
Hi Kollege, alles klar?

'O prufessór Spinèlli sta nun c'è màle.
der Professor Spinelli ist nicht hier'ist schlecht
Dem Professor Spinelli geht's nicht schlecht.

Aber nicht immer geht es so übertrieben höflich zu. Spricht man einen Bekannten an, nennt man ausschließlich dessen Vornamen:

Pascàle!
Pasquale!

Marìa!
Maria!

Kurzformen neapolitanischer Vornamen

Die meisten Vornamen haben im Neapolitanischen Kurzformen oder Kosenamen, z. B.: **Alfré** (Alfredo), **Annarèlla / Nannìna / Ninètta** (Anna), **Carmè** (Carmela), **Ciccìllo** (Franco), **Cirùzzo** (Ciro), **Gennà / Ennà** (Gennaro), **Geppino / Peppìno / Peppeniéllo** (Giuseppe), **Giò** (Giorgio), **Marì / Marièlla / Mariètta** (Maria), **Nicò** (Nicola), **Ritùccia** (Rita), **Robbè** (Roberto), **Savè** (Saverio), **Teré** (Teresa), **Tonino / Totònno** (Antonio) usw.

Gebildet werden diese Kurzformen meist, indem man die letzte Silbe(oft auch mehrere Silben) weglässt und den Namen endbetont spricht. So wird **Pasquàle** *zu* **Pasquá** *oder* **Raffaéle** *zu* **Rafé'.**

Ehrentitel

In einigen Gegenden Neapels, vor allem in der Altstadt – sind auch noch die aus dem Spanischen entlehnten Ehrentitel **Don/'On** (Herr) und **Dònna** (Frau) in Verbindung mit dem Vornamen üblich:

Don Savè, bongiòrno!
Guten Tag, Saverio!

Dònna Marièlla, bonaséra!
Guten Abend, Maria!

In Süditalien ist es immer noch häufig üblich, die eigenen Großeltern zu siezen!

Kennt man sich besser, kann man ältere Personen auch mit **zì'** (Onkel/Tante), **no'** (Opa/Oma) – in der direkten Anrede **'on** bzw. **'ònna** oder **rònna** – in Verbindung mit dem Vornamen ansprechen, auch wenn keine Verwandtschaftsbeziehung besteht.

Assèttete zì' Peppìno!
setz-dich Onkel Peppino
Setz dich, Onkel Giuseppe!

Etwas veraltet, aber noch in Gebrauch sind die Anreden **cumpàre** *(Pate),* **cummàra** *(Patin),* **cumpariéllo** *(Patensohn) und* **cummarèlla** *(Patentochter) für gute Bekannte und Freunde.*

'Ònna Teré, che ffacìte?
Oma Teresa was macht
Oma Teresa, was machst du?

Dicìtemə cumpàre, addó stàte?
sagt-mir Pate wo seid
Sagen Sie mir mein Freund, wo sind Sie? (am Telefon)

Cummàra, viène ccà!
Patin, komm hier
Komm her, meine Beste!

Das erste Gespräch

Wer offen auf Menschen zugeht und sich nicht scheut in Kontakt mit dem Fremden zu treten, für den wird das erste Gespräch nicht lange auf sich warten lassen.

Benvenùto signó! *zu Männern(gesiezt)*
Willkommen (der Herr)!

Benvenùto amìco! *zu Männern(geduzt)*
Willkommen, mein Freund!

Benvenùta signó! *zu Frauen(gesiezt)*
Willkommen (die Dame)!

Benvenùta amìca! *zu Frauen(geduzt)*
Willkommen, meine Freundin!

Cómme va?
wie geht
Wie geht's?

Cómme stàte?
wie seid
Wie geht es Ihnen? / Wie geht es euch?

Cómme stàje?
wie ergehst
Wie geht es dir?

Sto bbuóno, gràzie!
bin gut(m) danke
Es geht mir gut, danke!

Nun c'è mmàle, e vùje?
nicht hier'ist großes-Übel(m) und ihr
Nicht schlecht, und Ihnen?

Pùr'io sto bbòna, graziassàje!
auch'ich bin gut(w) danke-sehr
Danke, auch mir geht es gut!

Cómme tə chiàmme?
wie dich nennst
Wie heißt du?

Cómme və chiammàte?
wie euch nennt
Wie heißen Sie? / Wie heißt ihr?

Mə chiàmmo Paul.
mich nenne Paul
Ich heiße Paul.

Uànema, parlàte 'a nòsta léngua?!
Wow sprecht die unsere Sprache(w)
Wahnsinn, Sie sprechen ja unsere Sprache?!

Ma no! Pàrlo sùlo nu pucurìllo 'o Nnapulitàno!
aber nein spreche nur ein kleinwenig das Neap.
Aber nein, ich spreche nur ein bisschen Neapolitanisch!

D'addó si'?
von 'wo bist
Woher bist du?

'A dó venìte?
von wo kommt
Woher kommen Sie?

Vèngo d'a Germània.
komme von'die Deutschland
Ich komme aus Deutschland.

So' austríaco/svìzzero.
bin Österreicher/Schweizer
Ich bin Österreicher/Schweizer.

So' austríaca/svìzzera.
bin Österreicherin/Schweizerin
Ich bin Österreicherin/Schweizerin.

Àustria = *Österreich;*
Svìzzera = *Schweiz*

Sìte taliàna?
seid Italienerin
Sind Sie Italienerin?

No, so' ttedèsco/-a.
nein bin Deutsche
Nein, ich bin Deutsche.

Quant'ànne tiène?
wieviel'Jahre hast
Wie alt bist du?

Quant'ànne tenìte?
wieviel'Jahre habt
Wie alt sind Sie?

Tèngo trentarója ànne.
habe 32 Jahre(m/Mz)
Ich bin 32 Jahre alt.

Einkauf in der malerischen **Via Pignasecca**

Che ffatìca fàje?
was Arbeit(w) machst
Was arbeitest du?

Che ffatìca facìte?
was Arbeit(w) macht
Was arbeiten Sie? / Was sind Sie von Beruf?

Songo ...
Ich bin ...

dissoccupàto/-a	arbeitslos
artìsta	Handwerker, Künstler
faticatòre; lavurànte	Arbeiter
'mpiegàto	Angestellter, Beamter
pustìno	Briefträger
giurnalìsta	Journalist
avvucàto	Anwalt
miédeco	Arzt
'ngigniére	Ingenieur
turìsta	Tourist
studènte	Student
maésto	Lehrer
màsto	Meister (Handwerk)

Addó fatìche?
wo arbeitest
Wo arbeitest du?

Addó faticàte?
wo arbeitet
Wo arbeiten Sie?

'int'a n'ufficio	in einem Büro
'int'a na fàbbrica	in einer Fabrik
'int'a nu magazzìno	in einem Geschäft
'int'a càsa	zu Hause
'ncampàgna	auf dem Land, auf dem Feld

Və piàce 'a nòsta città?
euch gefällt die unsere Stadt(w)
Gefällt Ihnen unsere Stadt?

Sì, Nàpule mə piace assàje.
ja Neapel mir gefällt sehr
Ja, Neapel gefällt mir sehr.

Vulìte piglià nu cafè cu' 'mmìchə?
wollt trinken ein Kaffee mit mir
Wollen Sie einen Kaffee mit mir trinken?

Və ringràzio, ma mo' nun tèngo tièmpo.
euch danke aber jetzt nicht habe Zeit(m)
Ich danke Ihnen, aber ich habe jetzt keine Zeit.

Stàtevə bbuóno!	**Cə verìmmo.**	**A ppriésto!**
Auf Wiedersehen!	Man sieht sich.	Bis bald!

Nu cafè e na sfogliatèlla – Verschnaufpause auf Neapolitanisch

Ausrufe, Floskeln & Redewendungen

Ausrufe wie die folgenden geben jeder Unterhaltung einengewissen Farbtupfer, denn sie transportieren Gefühle und Stimmungen:

Dass dazu auch wild mit den Händen gestikuliert werden kann, versteht sich wohl von selbst...

Ganz typisch ist auch der Ausruf **Boh!?**, *der so viel bedeutet wie „Ich weiß nicht!" oder „Was weiß ich?".*

Ausrufe

Arrassusìa!	Gott behüte!
Ché?	Was (sagst du)?
Embè?!	Na und? (= da kann man nichts machen!)
E tirititttittì!	Und wenn schon!
Gué (gué)!?	He!?
Jàmmo ja!	Los geht's!
Mannàggià!	Verflixt!; Donnerwetter!
Quànno màje?	Na und? (= was soll das heißen?)
Sciò sciò (llà)!	Hau ab!
Sciué sciué!	Bravo!; Gut gemacht!
Séh!	Wirklich? Tatsächlich? (ungläubig, skeptisch)
Uànema!	Wow!; Wahnsinn!
Va (vatténne)!	Los! / Komm schon! (auffordernd)
Va' tròva?	Wer weiß (das schon)?!

Daneben gibt es noch eine Reihe weiterer Floskeln und Redewendungen, die man im Gespräch mit Einheimischen immer wieder hören wird:

weitere Floskeln

sì – no	ja – nein
fòrze	vielleicht
po' èssere	kann sein
È capàce ca ...	Es ist möglich, dass ...
niénte	nichts, gar nichts
quaccòsa	etwas, irgendetwas
nisciùno	niemand
Nun 'o ssàccio.	Ich weiß es nicht.
Cómme vulìte.	Wie Sie wollen.
pecché ...	weil
Scusàtə!	Verzeihen Sie!
pə ccortesìa, pə ggentilézza	bitte (um etw. bitten)
gràzie	danke
graziassàje	vielen Dank
Və ringràzio.	Ich danke Ihnen.
oì!	bitte (sehr)!
cu ppiacére!	bitte (keine Ursache)

Schluss jetzt!

Geht einem mal etwas oder jemand gehörig auf den Wecker, sagt man:

Che vvuò?
was willst
Was willst du?

Si pàzzo/pàzza?
bist verrückt(m/w)
Spinnst du?

Zìtto!
still
Halt den Mund!

Stàte accuòrto/accuòrta!
sei vorsichtig(m/w)
Pass auf (was du sagst)!

Sprichwörter

Wie schon erwähnt, zeichnet sich das Neapolitanische durch seinen blumigen Charakter aus. Kein Wunder, dass es da eine Menge Sprichwörter gibt.

'A càsa d' 'o giucatòre nun cə sta sùlo dulòre.
die Haus(w) von'der Spieler
nicht hier ist nur Schmerz(s)
Wer sich dem Glücksspiel hingibt,
ist bereits verloren.

'A fémmena pə ll'òmmo addivènta pàzza,
ll'òmmo p' 'a fémmena addivènta fésso.
die Frau für der'Mann wird verrückt(w)
der'Mann für'die Frau wird dumm
Frauen werden durch Männer verrückt,
Männer verdummen durch Frauen.

'O ciùccio ca sə crède cèrvo, quànno va
pə zzumpà 'o fuósso sə nə addòna.
der Esel(m) der sich glaubt Hirsch(m) wenn geht
für springen das Wassergraben(s)
sich davon bemerkt
Sei zufrieden mit dem, was du bist.
Versuche nicht, jemand anderes zu sein.

'O ciùccio è f(e)rìto ma nun è mmuòrto.
der Esel(m) ist verletzt aber nicht ist tot
Wir haben die Schlacht verloren,
aber nicht den Krieg.

Frischer geht's nicht: Fischverkäufer in Mergellina

'O figlio mùto, 'a màmma 'o 'ntènne.
der Sohn(m) stumm die Mama ihn versteht
Eine Mutter versteht ihren Sohn, selbst wenn er nichts sagt.

'O gelùso mòre curnùto.
der Eifersüchtige(m) stirbt gehörnt
Wer ständig an Probleme denkt, zieht das Unheil an.

Uócchio ca nun véde, còre ca nun sènte.
Auge das nicht sieht Herz das nicht fühlt
Aus den Augen, aus dem Sinn.

Vàco p'aiùto e tròvo sgarrùpo.
gehe für'Hilfe(s) und finde Ruine(s)
(etwa:) Wer den Schaden hat, braucht für den Spott nicht zu sorgen.

Vótta 'a pretélla e annascònna 'a manèlla!
wirf die Steinchen und verstecke die Händchen
Sei flink und lass dich nicht erwischen!

Das Wetter

Auch in Neapel und Kampanien ist das Wetter ein wichtiges Thema, und nicht selten hilft es dabei, in einem Gespräch mit Fremden das erste Eis zu brechen.

Das Wort **'o tiémpo** *bedeutet sowohl „die Zeit" als auch „das Wetter".*

Cómm'è 'o ttiémpo?
wie'ist das Wetter(s)
Wie ist das Wetter?

Che ttiémpo!
was Wetter(m)
Was für ein Wetter!

Fa bèllo tiémpo.
macht schön Wetter(s)
Es ist schönes Wetter.

Fa màlu tièmpo.
macht schlecht Wetter(s)
Es ist schlechtes Wetter.

Fa càvero.
macht heiß
Es ist heiß.

Fa frìddo.
macht kalt
Es ist kalt.

Fa frisculìllo.
macht frisch
Es ist frisch.

È 'ntruculiàto.
ist bewölkt
Es ist bewölkt.

Schizzechéa.
nieselt
Es nieselt.

Chiòve.
schauert
Es regnet.

Ciòcca.
schneit
Es schneit.

Granuléja.
hagelt
Es hagelt.

Cə sta viénto.
hier ist Wind
Es ist windig.

È asciùto 'o ssóle.
ist herausgekommen das Sonne
Es ist sonnig.

Che ttiémp'e mmèrda!
was Wetter(m)'von Scheiße(w)
Was für ein Scheißwetter!

È pròprio na brùtta jurnàta!
ist wirklich eine hässliche Tag(w)
Heute ist wirklich ein hässlicher Tag!

Sta cagnànno 'o ttiémpo.
Ist ändernd das Wetter(s)
Das Wetter ändert sich.

Übernachtung & Unterkunft

In der gesamten Region Kampanien gibt es ein riesengroßes Angebot an Übernachtungsmöglichkeiten zu allen nur erdenklichen Preisen. In den touristisch erschlossenen Gebieten sind die Hotels natürlich teurer, dafür aber oft auch gepflegter als in abgelegeneren Orten. Auch unterscheiden sich die Preise zwischen Haupt- und Nebensaison erheblich. Wenn man die Gegend in der Nebensaison bereist, kann man durchaus nach einem Preisnachlass fragen.

Auf dem Land gibt es Gästehäuser und Pensionen, und natürlich kann man auch private Unterkünfte mieten. Während man in einem Hotel wohl eher Italienisch spricht, können gerade im privaten Umgang mit Einheimischen ein paar Worte Neapolitanisch im wahrsten Sinne des Wortes so manche Türe öffnen.

Private Unterkünfte

Addò stàte 'e càsa?
wo seid von Haus(w)
Wo wohnen Sie?

Abbàscio Nàpule.
unten Neapel
Unten in Neapel.

'Ncòpp'o Vòmmero.
über'der Vomero
Oben auf dem Vomero.

Io stong' 'e càsa 'ntèrra Margellìna.
ich bin'von Haus(w) unten Mergellina
Ich wohne in Mergellina.

'A càsa méja sta vicìn'o mmàre.
die Haus meine(w) ist nahe'der Meer(s)
Mein Haus liegt am Meer.

Vàc' truvànno na bbèlla càsa.
gehe suchend eine schöne Haus(w)
Ich suche nach einer schönen Wohnung.

Umgangssprachlich bezeichnet **'a càsa** *nicht nur „das Haus", sondern auch „die Wohnung".*

Vulèsse fittà na stànza.
würde-wollen mieten eine Zimmer(w)
Ich möchte ein Zimmer mieten.

Tenìte nu quartìno 'e pàrte d'a ferrovìa?
habt ein Wohnung(s) von Teil von'die Eisenbahn(w)
Haben Sie eine Wohnung in der Nähe des Bahnhofs?

Preferìsco 'e stà dint'all'albèrgo.
vorziehe von sein in'das Hotel(s)
Ich wohne lieber im Hotel.

Chìst'ànno putìmmo stà dint'a càsa 'e ll'amìci.
dieses-Jahr können sein in'die Haus(w) von die Freunde(m/Mz)
Dieses Jahr können wir bei Freunden wohnen.

An vielen Häusern Kampaniens sieht man die folgende Aufschrift:

Chi vò 'o mmàle 'e chèsta càsa
ha dda crepà prìmma ca tràse.
wer will' das Schlechte(s) von diese Haus(w)
hat zu krepieren zuerst dass eintritt
Wer diesem Haus etwas Schlechtes wünscht,
soll sterben, bevor er es betritt.

Haus und Hof

'o ppalàzzo	das Gebäude
'a càsa	das Haus, die Wohnung
'o quàrto	die Wohnung
'o quartìno	die (kleine) Wohnung
'a stànza	das Zimmer
'o ccorridóio	der Flur
'a stanz'e prànzo	das Esszimmer
'o ssalòtto	das Wohnzimmer; der Salon

'o ppurtóne	das Tor, die Eingangstür
'e gràre	das Treppenhaus
'o pavimènto / 'a 'ntèrra	das Stockwerk
'a cucìna	die Küche
'a stanz'e bàgno	das Badezimmer
'o ggabbinètto	das WC; die Toilette

Vor allem in den berüchtigten „Quartieri Spagnoli" in Neapel findet man die bassi – **'o vvàscio** *genannt –, kleine Apartments im Erdgeschoss, die meist nur aus einem Zimmer bestehen, aber nicht selten von großen Familien bewohnt werden.*

Mobiliar

'o liétto	das Bett
'o mmataràzzo	die Matratze
'o cummò	die Kommode
'a tàvula	der Tisch
'a sèggia	der Stuhl
'o spècchio	der Spiegel
'o lùme / 'o lumètto / 'o lampiéro	die Lampe
'o stìpo	der Schrank
'a scanzìa	das Regal

... und vor dem Haus

'o ccurtìle	der Hof
'o ppurtóne	das Tor
'a scàla / 'o scalètto	die Treppe
'e pperziàne	die Fensterläden
'o bbarcóne	der Balkon
'a lòggia; 'a terràzza	die Terrasse
'o ttètto	das Dach

Selbst die allerkleinsten Wohnungen verfügen in Neapel meistens über einen Balkon, wie hier in den **Quartieri Spagnoli**

und was sonst noch wichtig sein kann:

ll'indirìzzo	die Adresse
'o ffitto	die Vermietung
'a pesóne	die Miete
'a chiàve	der Schlüssel
'a mascatùra	das (Tür-)Schloss
'a pòrta	die Tür
'o lenzùlo	das Bettlaken
'a suffitta	die Decke
'o ppavimènto	der Fußboden
'a fenèsta	das Fenster
'a làstra	die Fensterscheibe
'e ttendìne	die Vorhänge
'o ffuculàre / 'a cemmenèra	der Kamin

Fuculàre *ist der auf dem Land noch häufig zu findene „Kohlenherd", während* **cemmenèra** *den offenen „Kamin" bezeichnet.*

Essen & Trinken

Von Hunger und Durst geplagt muss nun wirklich niemand durch Neapel schlendern, denn die Hauptstadt Kampaniens ist seit langem eine wahre Gourmetdestination! Mit einer erstaunlichen Anzahl an schicken Restaurants, einfachen Gasthäusern und den vielleicht weltbesten Pizzerias, aber auch Hunderten von Cafés, Kneipen, Bars und internationalen Lokalen ist Neapel ein wahres Eldorado für hungrige Mägen und durstige Kehlen.

Wer neapolitanisch essen möchte, sollte eine der zahlreichen und äußerst populären **tavèrne, cantìne** oder **cantenèlle** aufsuchen (auf Italienisch **osterie** genannt), einfache Gasthäuser, die häufig als „Kantine" für Angestellte dienen, oder **tratturìe** (etwas teurer als die **tavèrne,** aber nicht ganz so exklusiv und chic wie das **ristorànte**), denn hier gibt es die wirklich authentischen Spezialitäten, oft in Form eines angenehm günstigen Mittagsmenüs.

Viele der Beispielsätze beziehen sich auf eine Einladung nach Hause, denn in Restaurants wird man wohl vorrangig Italienisch sprechen.

Ob in einem dieser volkstümlichen Gasthäuser oder in exklusiveren **ristorànti,** man bestellt normalerweise mehrere Gänge hintereinander, wobei die Pastagerichte nur als Zwischengang vor der Hauptspeise gelten. Doch keine Sorge, kein Kellner wird einen schief anschauen, wenn man z. B. auf den Fisch oder das Fleisch verzichtet und sich nur auf Vorspeisen oder Pasta beschränkt.

Immerhin ist die Flexibilität der Neapolitaner legendär. Fast so legendär wie die hiesige Pizza, die lange nicht so knusprig ist, wie man das vielleicht von zu Hause gewöhnt ist, doch genau darin liegt das Geheimnis.

Pizza essen ist auch oder gerade in Neapel keine Zauberei, und in den allgegenwärtigen Pizzerias geht es meist ungezwungen zu.

È ór' 'e magnà, buòn appetìtto!
ist Stunde(w) von essen gut Appetit
Es ist Essenszeit, guten Appetit!

Ma addó jàmmo a mmagnà?
aber wo gehen zu essen
Aber wohin sollen wir essen gehen?

Ògge che ccə magnàmmo?
heute was uns essen
Was essen wir heute?

Canùsce nu ristorànte napulitàno?
kennst ein Restaurant neapolitanisch
Kennst du ein neapolitanisches Restaurant?

Sì, ccà vicìno cə sta na cantenèlla bbòna bbòna.
ja hier nahe hier ist eine'Gaststätte(w) gut gut
Ja, hier in der Nähe gibt es eine sehr gute Gaststätte.

Tiéne fàmmə.
hast Hunger
Hast du Hunger?

Nu' ttèngo gènio 'e magnà.
nicht habe Natur von essen
Ich habe keinen Appetit.

Tèngo fàmmə.
habe Hunger
Ich habe Hunger.

Nu' ttèngo fàmmə.
nicht habe Hunger
Ich habe keinen Hunger.

Aber was wäre schon ein gutes Essen ohne den richtigen Wein dazu? Ein schlaues Sprichwort sagt:

Fa cchiù mmiràcule 'o vìno ca Sant'Antunìno.
macht mehr Wunder(m/Mz) das Wein als Sant'Antonio
Durch Wein geschehen mehr Wunder als durch den Heiligen Antonius.

Die Region Kampanien verfügt über hervorragende Weine, die sehr gut zu den örtlichen Spezialitäten passen, wie Gragnano, Montevetrano, Piedirosso oder Taurasi bei den Roten oder der Greco di Tufo, Lacryma Christi oder der spritzige Falanghina bei den Weißen.

Salùte!
Gesundheit(w)
Prost!

Vevìmmo 'a salùte!
trinken zu-die Gesundheit(w)
Lasst uns auf die Gesundheit trinken!

Ajére séra àggio magnàto pòco.
gestern Abend habe gegessen wenig
Gestern habe ich wenig gegessen.

Accomodàtevə.
bequemt-euch
Setzt euch.

Che vvulìte vévere?
was wollt trinken
Was wollt ihr zu trinken?

Tenìtə, servìtevə.
nehmt, bedient-euch
Hier, bedient euch.

mèttere 'a tàvula	den Tisch decken
'o mmesàle	die Tischdecke
'e ssalviètte	die Servietten
'o ppiàtto	der Teller

'a furchètta	die Gabel
'o ccucchiàro	der Löffel
'o ccurtiéllo	das Messer
'o bbicchiére	das Glas
'a salièra	der Salzstreuer
'o mmaceniéllo d' 'o ppépe	die Pfeffermühle
ll'uóglio	das Öl
ll'acìto	der Essig

im Restaurant

Auf die Frage, wo man in Neapel denn am besten essen kann, werden die meisten Einheimischen antworten: **dint'a càsa** „zu Hause". Tatsächlich geht in ganz Kampanien nichts über die **cucìna casarèccia** „Hausmannskost", denn viele der beliebtesten Spezialitäten haben aufwendige und äußerst zeitintensive Rezepte, die eben nur die **Mammarèlla,** die Oma oder die Ehefrau, „zaubern" können. Wenn man also zum Essen geht, dann dafür richtig und mit allem Drum und Dran. Wie überall in Italien beginnt man erstmal mit **antipasti** (Vorspeisen) – in Neapel mag man sie gerne üppig – z. B. mit **fritto misto** (auch **frittura alla napoletana** genannt), also frittierten Kleinigkeiten wie Zucchini, Mozzarellabällchen, **crocchè** „Kartoffelkroketten", **polpette** „Fleischbällchen" **arancini** „Reisbällchen" oder **alici fritte** „frittierten Sardellen".

Wem das zu fettig ist, der kann **antipasti di mare,** Meeresfrüchte, auch in Form von Venusmuscheln – **soutè di vongole** – oder Miesmuscheln – **impepata di cozze** – bestellen.

Oder man entscheidet sich für **affettati misti** „Aufschnitt samt Salami, Schinken, Käse und Oliven", oder doch lieber für das vielleicht berühmteste kulinarische Aushängeschild Kampaniens, den **mozzarella di bufala** (Büffelmozzarella)? Er ist auch die wichtigste Zutat des **insalata caprese,** dem berühmten Salat mit Tomaten, frischem Basilikum und Olivenöl.

Wer keine Pasta möchte, der findet ab und zu auch Gerichte wie **gattò di patate** *(Kartoffelauflauf mit Mozzarella und Schinken oder Salami) oder* **sartù di riso** *(gebackener Reis mit einer Tomatensauce, Mozzarella und Fleischbällchen).*

Nach der Vorspeise folgt traditionell der **primo piatto,** der erste Gang, bestehend aus **Pasta** in allen Formen und Längen mit meist recht dicken Saucen wie **alla pummarola** (die klassische Tomatensauce), **alla barese** (mit Brokkoli), **alla bella donna** oder **alla puttanesca** (mit Kapern, Oliven und Tomaten), **alla bella Napoli** oder **alla Santa Lucia** (mit Meeresfrüchten), **alla genovese** (Kalbfleisch und Zwiebeln), **al nero di seppia** (mit Tinte vom Tintenfisch), **alla sorrentina** (mit Tomaten und Mozzarella), **alle vongole** (mit Venusmuscheln) oder natürlich mit der **ragù** genannten „Primadonna der Saucen", bei der Tomaten und Fleisch über Stunden gekocht werden (wird traditionell am Sonntag gegessen).

Erst dann folgt der **secondo piatto** (zweiter Gang), zu dem man Fleisch oder Fisch isst.

Regionale Spezialitäten sind z. B. **calamaro ripieno** (gefüllte Calamares), **polipo affucate** (in einem Tongefäß geschmorter Oktopus), **carne alla pizzaiola** (Rindfleisch in einer Tomaten-Oregano-Sauce), **carne al ragù** (Rindfleisch mit der oben beschriebenen Sauce) oder **involtino** (Rindfleisch- oder Auberginenrouladen mit Schinken und Käse gefüllt).

Die Schreibung der Gerichte in diesem Kapitel ist italienisch, denn so finden sich die Gerichte auch auf einer Speisekarte.

Und was ist mit der **Pizza?** Ja, die Pizza ist in der Tat ein Sonderfall, denn sie gilt als vollständiges Hauptgericht, zumindest wenn sie am Tisch gegessen wird. Im Folgenden wird noch genauer auf die besondere Rolle der Pizza in Neapel eingegangen. Viele Restaurants Neapels fungieren gleichzeitig als Pizzeria und bieten auch ihre eigenen Kreationen an.

Zutaten

'a càrne	das Fleisch
'a verdùra	das Gemüse
'a pàsta / 'e maccarùne	die Nudeln, Pasta
'a 'nzalàta	der Salat
'o ffurmàggio / 'o ccàso	der Käse
'o ppàne	das Brot

Beilagen **(contorni)** *müssen in der Regel extra bestellt werden.*

Vulèsse nu pòco 'e pésce frìsco.
würde-wollen ein bisschen von Fisch frisch
Ich möchte etwas frischen Fisch.

Frischer Fisch ist in ganz Kampanien natürlich allgegenwärtig!

Fleisch und Fisch

'a fèlla 'e càrne	das Steak
'a purpètta	die Fleischklöße
'o vvetiéllo	das Kalbfleisch
'o ppecuriéllo	das Lammfleisch
'o ccunìglio	der Hase
'o ppùllo	das Hähnchen
'o ppésce	der Fisch
'a ravósta	die Languste
ll'àstice	der Hummer
'o rràncio	die Krabbe
ll'òstreca	die Auster
'a còzzeca	die Miesmuschel
'o ppùrpo	die Krake
'o jammariéllo	die Garnelen
'a trèglia	die Seebarbe
'a sàrda	die Sardine
'o ppésce lùpo	der Seewolf
'a sògliola	die Seezunge

Gemüse

'o vruóccol'e ràpe	der Brokkoli
'a carciòffola	die Artischocke
'a pastenàca	die Karotte
'o ccavulescióre	der Blumenkohl
'o ccetrùllo	die Gurke
'o ffenùcchio	der Fenchel
'e ffùnge	die Pilze
'a mmulignàna	die Aubergine
'a patàna	die Kartoffel
'e ppuparuóle	die Peperoni (Mz.)
'a pummaròla	die Tomate
'o rrafaniéllo	das Radieschen
'a cucózza	der Kürbis
'o cucuzziéllo	die Zucchini

Cə facìte pruvà nu piézzo 'e …?
uns macht probieren ein Stück von
Lassen Sie uns ein Stück ... probieren?

'A pizza!

Die Pizza ist das wohl bekannteste Exportprodukt Neapels und wurde hier angeblich sogar erfunden. Dabei bezieht sich das Prädikat „Made in Napoli" aber auf eine Pizzasorte, die heutigen Idealvorstellungen entspricht. Sie soll nämlich erstmals am 11. Juni 1889 vom **pizzaiolo** (Pizzabäcker) Raffaele Esposito von der **Pizzeria Brandi** zu Ehren der Frau des

Königs Umberto I., Margherita von Savoyen, hergestellt und auch gleich nach dieser benannt worden sein. Er belegte den Teig patriotisch mit Zutaten in den italienischen Nationalfarben: grünem Basilikum, weißem Mozzarella und roten Tomaten. Diese Kombination, als **Pizza Margherita** bekannt, ist nach wie vor die Grundlage zahlloser Pizza-Varianten, doch eigentlich ist die Idee, ein Fladenbrot aus Hefeteig zu garnieren und im Ofen zu backen, natürlich schon viel älter. Bereits die Ägypter kannten ähnliche Rezepte vor mehr als 4000 Jahren. Vielleicht besteht deswegen das Manifest des Vereins zum Schutz der echten, handgemachten neapolitanischen Pizza (**Associazione Verace Pizza Napoletana,** kurz A.V.P.N.) darauf, dass die Pizza eben keinen Erfinder und keine Eigentümer hat, sondern einzig und allein das Erzeugnis des genialen neapolitanischen Volkes ist!

Bei Pulcinella – auf Neapolitanisch **Pulecenèlla** *– handelt es sich um einen listig-schlauen aber zugleich einfältig-tölpelhaften Diener, der im* **Commedia dell'arte** *genannten neapolitanischen Volkstheater seit der Renaissance eine unverzichtbare Figur darstellt. Mit seiner, einem Vogelgesicht ähnelnden schwarzen Maske, dem hohen Hut und dem weißen Schlabbergewand begegnet man seinem Bild in Neapel auf Schritt und Tritt.*

Die Pizza gehört jedenfalls zu Neapel wie der Vesuv und die Wäsche über den Gässchen. Man sollte während eines Stadtbesuchs zumindest einmal in den Genuss einer Pizza kommen. So mancher Tourist mag beim ersten Bissen die Nase rümpfen, denn die echte **pizza napoletana,** durch Schilder der A.V.P.N. an den Pizzerias zu erkennen, auf der **Pulcinella** als Pizzabäcker vor dem Ofen steht, ist nicht knusprig, sondern weich und saftig, mit einem lockeren Rand, der wie frisches Brot schmeckt. Diese Art der Teigzubereitung ist weit anspruchsvoller, als die Pizza so lange im Ofen zu lassen, bis sie knusprig ist. Die beliebtesten Pizzen sind nach wie vor die bereits angesprochene **Margherita** und die **Marinara** (mit Tomaten, Knoblauch, Olivenöl und Oregano), aber es gibt selbstverständlich auch weit üppiger belegte Varianten, die nicht unbedingt Tomaten und Käse enthalten müssen. Klar, dass jeder Neapolitaner seine persönliche Pizzeria-Topliste im Kopf hat – immerhin gibt es über 450 davon in der ganzen Stadt.

Seit über 100 Jahren gilt die Pizzeria **Brandi** als eine der besten Neapels

Bis heute ist die Pizza ein Vergnügen aller sozialen Klassen, auch wegen ihres günstigen Preises, ein echter Dauerbrenner, und man isst sie gleichwohl mittags als Imbiss, abends mit der Familie oder mit Freunden, als echtes Mahl oder mal so eben vor der Theater- oder Kinovorstellung. Immer dann, wenn es möglichst schnell gehen soll, entweder im Sitzen oder noch schneller **a libretto,** also auf die Hand, und zwar gefaltet. Und was trinkt man zur Pizza? Natürlich Bier!

Beim Dessert hat man die Auswahl zwischen **dolce** (Süßspeisen wie **tiramisù, tartufo** oder **zabaione**), **formaggio** (Käse) und **frutta** (Obst). Typische süße Spezialitäten Neapels sind **sfugliatèlla,** eine kegelförmige Blätterteigtasche mit einer süßen Ricottafüllung, die man entweder **rìccia** (lockig) oder **fròlla** (mürbe) liebt, **babbà** (ein mit Rum getränkter Hefeteigkuchen) und **pastiéra** (der klassische Osterkuchen mit Orangenblütenaroma).

Den abschließenden **espresso** *bekommt man übrigens nicht in allen Restaurants (wenngleich man ihn auf Anfrage beim Kellner auch von der nahegelegenen Bar gebracht bekommt), weshalb die meisten Einheimischen ihn lieber gleich anderswo einnehmen. Beliebt dagegen ist es, das Essen mit einem Gläschen* **limoncello** *(starkem Zitronenlikör) abzuschließen.*

Pigliàmmocə n'aperitivo.
nehmen-uns ein'Aperitif
Lasst uns einen Aperitif trinken.

Cə vuléssemo magnà coccòsa 'e tìpico.
uns würden-wollen essen etwas von typisch
Wir wollen etwas Typisches essen.

Widerstand zwecklos! Chalet Ciro, am Yachthafen von Mergellina

Ccà ddìnto sə màgna bbuóno.
hier innen man isst gut
Hier isst man gut.

'O pèsce è frìsco?
der Fisch ist frisch
Ist der Fisch frisch?

Cə sta pòsto? Sìmm'a ttré.
hier ist Platz sind' zu drei
Haben Sie einen Platz für drei?

Cə purtàte na giàrra d'àcqua, pə ccortesìa.
uns bringt eine Karaffe von Wasser(w) für Gefallen
Bringen Sie uns bitte eine Karaffe Wasser.

Getränke

'o vvìno rùsso	der Rotwein
'o vvìno jànco	der Weißwein
'a buttéglia	die Flasche
ll'àcqua naturàle	stilles Wasser
ll'àcqua gassàta	Mineralwasser mit Kohlensäure
'o ccafè	der Kaffee
'o llàtte	die Milch
'o ccafellàtte	der Milchkaffee, Capuccino
'o ttè	der Tee
'a ciucculàta	die heiße Schokolade
'a bìrra	das Bier
'o sùcco	der Saft
'a premùta	frisch gepresster Saft

Als **cafellàtte** *bezeichnet man den im Hochitalienischen* **cappuccino** *genannten Kaffee mit (geschäumter) Milch. Doch Vorsicht, in Italien trinkt man diesen ausschließlich zum Frühstück!*

Cə facìte 'o ccùnto!
uns macht der Rechnung für Gefallen
Die Rechnung bitte!

Für ihre Atmosphäre berühmt und wirklich spezifisch neapolitanisch sind die allgegenwärtigen Bars, in denen man den grandios starken Espresso – hier nur **cafè** genannt – bekommt, für den die Stadt in ganz Italien bekannt ist. Andernorts muss man ihn **ristretto** „verkürzt" bestellen, damit er so kräftig schmeckt, doch hier am Fuße des Vesuvs ist Kaffee immer nur ein winziger Schluck, kaum genug, um ein Häufchen Zucker darin zu ertränken, doch mit ausreichend Koffein, um auch den müdesten Zeitgenossen wieder in die Gänge zu bringen. Kein Wunder, dass der Satz **pigliàmmocə 'o cafè …** „lass uns einen Kaffee trinken" eine geflügelte und oft gehörte Aufforderung ist, hier und da im Laufe des Tages einen kurzen Boxenstopp einzulegen, um den Koffeinhaushalt wieder aufzufrischen. Der **cafè** ist in Napoli eben heilig!

Ohne Kaffee geht gar nichts – dies galt auch für den berühmten neapolitanischen Schauspieler **Totò** (rechts)

Am Strand

Mit 350 Kilometern Küste bietet die Provinz Kampanien Wasser- und Sonnenbegeisterten ein wahres Eldorado. Es finden sich kleine, oftmals felsige Buchten, aber hier und da auch langgezogene Sandstrände, wie z. B. auf Ischia.

Trotz allem sollte man ein paar Grundregeln beachten. Erstens: Vorsicht mit der Sonne. Vergessen Sie nicht, eine gute Sonnencreme mitzunehmen, auch wenn es bewölkt ist. Zweitens: unterschätzen Sie nicht das „harmlose" Mittelmeer und baden Sie nur an Stränden, an denen dies auch erlaubt ist. Drittens: seien Sie vorsichtig mit Ihren Wertgegenständen und nehmen Sie an den Strand nur das Allernotwendigste mit.

Zwar sind in den Sommermonaten viele Strände überfüllt, doch wer sich abseits vom Trubel bewegt, findet immer noch ein ruhiges Plätzchen.

Cu sta calìmma sə sta cchiù bbuóno 'ntèrr'a réna.
mit diese Hitzen(m) man ist mehr gut auf Sand(w)
Bei dieser Hitze bleibt man lieber am Strand.

Addó sə pò nnatà ccà?
wo man kann schwimmen hier
Wo kann man hier schwimmen gehen?

Addó cə sta na bèlla spiàggia?
wo hier ist eine schöne Strand
Wo gibt es hier einen schönen Strand?

Facìmmocə nu bàgno.
machen-uns ein Bad
Lasst uns schwimmen gehen.

Vuò nu gelàto?
willst ein Eis
Willst du ein Eis?

Cu ppiacére!
mit Vergnügen
Ja, gerne!

Stàte attiénte!
seid vorsichtig
Seid vorsichtig!

Ògge 'o mmàre è ppericolóso!
heute das Meer ist gefährlich
Das Meer ist heute gefährlich!

Wo sich die Wellen brechen – das prächtige **Castel dell'Ovo** im Viertel **Santa Lucia**

'a spiàggia	der Strand
'a réna	der Sand
ll'ónne	die Wellen
'o bàgno	das Bad
piglià 'o ssóle	sich bräunen; ein Sonnenbad nehmen
'o 'mbrellóne	der Sonnenschirm
'a sèggia sdràia	die Sonnenliege
'e llènte p'o ssóle	die Sonnenbrille
'a vàrca	das Boot
natà	schwimmen
vuttàrsə 'a mmàre	tauchen
'a currènte	die Strömung
'o vviénto	der Wind
'o ppericolo	die Gefahr
'a medùsa	die Qualle

Viele in- und ausländische Touristen besuchen Neapel und sein Umland zwischen Juli und August, und so verwundert es nicht, dass einige Gegenden zu dieser Zeit restlos überfüllt sind. Einige Begriffe, die in einem Gespräch über die Hauptsaison wichtig sein können, seien hier aufgeführt.

'e ffèrie	die Ferien
'e turìste	die Touristen
fórə stagióne	außerhalb der Hauptsaison
int'a stagiòne	in der Hauptsaison, im Sommer

Unterwegs

Kampanien ist noch immer verhältnismäßig ein Geheimtipp für Naturliebhaber und Wanderer. Ob entlang der Küste oder durch die zerklüftete Bergwelt des Landesinneren, die Region bietet eine Vielzahl an ausgeschilderten Wanderrouten und natürlich wilden Pfaden. Die wohl bekannteste Wanderroute ist die auf den Vesuv, aber auch in den Nationalparks von **Cilento** und **Vallo di Diano** finden sich interessante Routen.

… zu Fuß

Che ccə sta da vedé dìnt'a 'sta regiòne?
was hier ist von sehen in'die diese Region
Was gibt es in dieser Region zu sehen?

Və piàce viaggià c'o zzàino?
euch gefällt reisen mit'das Rucksack(s)
Mögt ihr einen Ausflug mit Rucksack?

Sì, a nnùje cə piàce cchiù c'a màchina.
ja zu wir uns gefällt mehr als'die Auto
Ja, das gefällt uns besser als mit dem Auto.

Ògge vulìmmo fà na cammenàta 'ncòpp' 'a muntàgna.
heute wollen machen eine Wanderung auf'die Gebirge(w)
Heute wollen wir eine Bergwanderung machen.

Allà 'ncòppa sə vède tùtta Nàpule.
da oben man sieht ganz Neapel(w)
Von da oben sieht man ganz Neapel.

Scusàte, cómme fàccio pe' gghì 'ncòpp'o Vesùvio?
entschuldigt wie mache für gehen auf'der Vesuv
Entschuldigung, wie komme ich auf den Vesuv?

Jàmmo bbuóno pe' gghì abbàscio 'a litorànea?
gehen gut für gehen runter die Küste(w)
Sind wir hier richtig, um runter an die Küste zu kommen?

'o ggìro	die Wanderung, die Exkursion
'a cammenàta	der Spaziergang; die Wanderung
'a stràda, 'a vìa	der Weg; die Straße
'o vvìco	der Pfad; das Sträßchen
saglì	aufsteigen; klettern
'a sagliùta	der Aufstieg
ascì	absteigen
'a scésa	der Abstieg
'a muntàgna	das Gebirge
'o ppìzzo	der Gipfel
'o bbòsco	der Wald
'o ciùmmo	der Fluss
'o làgo	der See
'a cascàta	der Wasserfall
'o ppònte	die Brücke
'o mmètro	der Meter
'o chilòmetro	der Kilometer

Neben **jì** *kennt der Dialekt die betonte Form* **ghì** *für „gehen".*

unterwegs in der Stadt

'a vìa	die Straße
'o vvìco / 'o vvìculo	die Gasse
'a piàzza	der Platz
nu palàzzo	ein Wohnhaus
'a putéca / 'o mmagazzìno	das Geschäft

Funiculì, Funiculà!

Die **Funicolare** *auf den Vesuv gibt es übrigens seit dem Ausbruch von 1943 nicht mehr, aber auch die Linien auf den Vomero wurden Ende des 19. und Anfang des 20. Jh. gebaut.*

Bei einer Fahrt mit der **Funicolare** von der unteren Stadt hinauf auf den **Vomero** mag einem vielleicht das berühmte Lied „Funiculì, Funiculà" in den Sinn kommen.

Das auf Neapolitanisch verfasste Stück wurde im Jahre 1880 aus Anlass der Eröffnung der Standseilbahn auf den Vesuv geschrieben. Es ist Produkt einer Zusammenarbeit des Textdichters Peppino Turco und des Komponisten Luigi Denza. Die populäre Melodie wurde sechs Jahre später von Richard Strauss in seiner sinfonischen Dichtung „Aus Italien" verarbeitet. Der bekannte Refrain lautet im Original:

Jàmmo,
jàmmo 'ncòppa,
jàmmo jà, funiculì, funiculà!
Lass uns fahren,
lass uns hinauf fahren,
lass uns schon fahren, Funikuli, Funikula!

Ob klein oder groß – geparkt werden darf nur in den Parkzonen!

In Neapel benötigt man weder ein eigenes Auto noch einen Mietwagen. Nur wer das Umland und die Küste kennen lernen möchte, kann auf ein Fahrzeug zurückgreifen. Das öffentliche Verkehrsnetz der Stadt ist ausgesprochen gut ausgebaut und leicht durchschaubar; außerdem ist das Stadtzentrum übersichtlich, und viele Ziele der Innenstadt lassen sich mühelos zu Fuß erreichen.

… mit dem Auto

Autodiebstähle sind häufig, wobei ausländische Wagen besonders gerne gestohlen werden. Darum sollte man das Fahrzeug nicht auf der Straße stehen lassen (das gilt auch tagsüber!), wodurch man auf relativ teure Parkplätze und Parkhäuser angewiesen ist. Die Kosten liegen um 2-4 Euro pro Stunde, sind dafür aber im 24-Stunden-Takt günstiger. Hotelparkhäuser gibt es nur vereinzelt.

Quànti chilòmetri cə stànno da ccà a Ccasèrta?
wie-viele Kilometer(m/Mz) hier sind von hier nach Caserta
Wie viele Kilomter sind es von hier bis nach Caserta?

So' cchiù o mèno sissànta chilòmetri.
sind mehr oder weniger 60 Kilometer(m/Mz)
Es sind etwa sechzig Kilometer.

E quàntu tiémpo cə vò?
und wie-viel Zeit(s) hier will
Und wie viel Zeit benötigt man?

A chest'óra quarànta minùti.
zu diese'Stunde vierzig Minuten(m/Mz)
Zu dieser Zeit vierzig Minuten.

Nu' ccə sta ttàntu tràffico mo'.
nicht hier ist so-viel Verkehr(m) jetzt
Jetzt ist nicht so viel Verkehr.

Gerade in der Bergregion muss man unbedingt sehr vorsichtig und langsam fahren, da hier die Straßen oftmals kurvenreich und dadurch schlecht einsehbar sind.

'A stràda è bbòna?
die Strasse ist gut
Ist die Straße gut?

Das Mitführen einer Warnweste bzw. deren Tragen bei Unfall oder Panne ist Pflicht. Die Blutalkoholgrenze liegt bei 0,5 ‰.

'a màchina	das Auto
'o lampiòne	der Scheinwerfer
'a ròta	das Rad
'o vvolànte	das Lenkrad
'e mmàrcie	die Gänge
'o mmutóre	der Motor
'a benzìna	das Benzin
Il'uóglio	das Öl
'a batterìa	die Batterie

'o tràffico	der Verkehr
Il'autìsta,	der Fahrer,
'o sciaffèrro	der Chauffeur
partì	abfahren
guidà	fahren
frenà	bremsen
fermà	anhalten

avutà / girà	umdrehen
appassà	überholen
'mpattà / parchiggià	parken
'o ddistributòre ('e benzìna)	die Tankstelle
'o scassàto	die Panne
ll'incidènte	der Unfall
'a vutàta; 'a cùrva	die Kurve

Addó pòzzo truvà nu meccànico?
wo kann finden ein Mechaniker
Wo kann ich einen Mechaniker finden?

Quànto tiémpo cə vò p'a reparazióne?
wie-viel Zeit(m) hier will für'die Reparatur(w)
Wie lange dauert die Reparatur?

Pòzzo aspettà?
kann warten
Kann ich warten?

Autofahrer sollten folgendes beachten:

Die Geschwindigkeitsbeschränkung ist innerorts 50 km/h, außerorts 90 bis 110 km/h und auf der Autobahn 130 km/h. Die Grüne Versicherungskarte ist als Nachweis und zur einfachen Schadensabwicklung empfehlenswert.

Die Polizei führt einen gnadenlosen „Feldzug" gegen Temposünder. Sie müssen mit saftigen Geldbußen rechnen, bereits die Überschreitung des Tempolimits um bis zu 10km/h kostet 100 Euro. Wer zwischen 10

Autofahren in Neapel kann äußerst nervenaufreibend sein. Erstens nimmt so mancher Einheimische es mit roten Ampeln und Einbahnstraßen nicht so genau, weshalb man immer und überall höchst aufmerksam fahren sollte. Zweitens sind Teile der Innenstadt, **area azzurra** *genannt, zu bestimmten Zeiten nur für Anwohner befahrbar. Drittens werden gerade am Sonntag viele Straßen komplett für den Autoverkehr gesperrt.*

und 40 km/h zu schnell ist, zahlt knapp 500 Euro. Schmerzliche 1000 Euro Strafe und der Entzug des Führerscheins für drei Monate drohen den Fahrern, die Tempolimits um mehr als 40km/h überschreiten.

mit öffentlichen Verkehrsmitteln

'o trèno	der Zug
'o tràmme	die Straßenbahn
'a metropolitàna	die U-Bahn
'a funniculàre	die Schienenseilbahn
'o ppulmànne	der (Überland-)Bus
'o bbus	der Bus
'o ttassì	das Taxi
'a staziòne	der Bahnhof
'o bbigliètto	die Fahrkarte
'o sservìzio	die Verbindung
'a lìnia	die Bahn-, Buslinie
'a fermàta / 'a chiammàta	die Haltestelle

Die **metropolitàna:** schneller kommt man in Neapel kaum voran

Kaufen und Handeln

Neapel hat ein vielfältiges Angebot an Modeboutiquen und Geschäften mit typischem Kunsthandwerk, regionalen Spezialitäten und mehr oder weniger kitschigen Souvenirs.

Quànn' sta ...?
wie-viel kostet ...?
Was kostet ...?

Quànn' sta 'stu lìbbro?
wie-viel ist dieses Buch(s)
Wie viel kostet dieses Buch?

Quànn' còsta chìstu?
wie-viel kostet dieser
Was kostet das?

Ciénto éuro.
hundert Euro
100 Euro.

Nun è ccàro!
nicht ist teuer
Das ist nicht teuer!

'o panettiére	die Bäckerei
'o janchiére	die Metzgerei
'o pisciavìnnolo	das Fischgeschäft
'o fruttaiuólo	das Obstgeschäft
'o vverdummàro	das Gemüsegeschäft
'a pasticcerìa	die Konditorei
'o giurnalàro	der Zeitungskiosk
'o tabbaccàro	der Tabakladen
'a libbrerìa	die Buchhandlung
ll'oréfice	der Juwelier
'a farmacìa	die Apotheke
'o supermercàto	der Supermarkt
('a putéca)	die Boutique

Die Haupteinkaufszone erstreckt sich im Wesentlichen um die Via Toledo. Dabei sind die Via selbst, aber auch die Galleria Umberto I., die umliegenden Gässchen sowie die nach Südwesten führende verkehrsberuhigte Via Chiaia, die sich anschließende Piazza dei Martiri und das Gebiet westlich davon die prominentesten Adressen. Speziell für Mode bietet auch der Corso Umberto I. so einiges, und auch im gesamten Centro Storico finden sich vielseitige Shoppingfreuden.

apiérto / arapùto	geöffnet
('n)chiùso / 'nzerràto	geschlossen
vénnere	verkaufen
accattà	kaufen
spènnere	ausgeben
'o prèzzo	der Preis
è (tròppo) ccàro	das ist (zu) teuer
'e pòco prèzzo / econòmico	billig

'o bbàsso	der Rock
'a blusa	die Bluse
'a burzètta	die Tasche
'a cammìsa	das Hemd
'a cannuttiéra	das Unterhemd
'o ccappiéllo	der Hut
'o ccappòtto	der Mantel
'e ccazètte	die Strümpfe
'o ccazóne	die Hose
'a curréa	der Gürtel
'o fazzulètto	der Schal
'a giacchètta	das Jackett
'o ggilè	die Weste
'e guànte	die Handschuhe
'e papósce	die Pantoffeln
'a prenzèsse	das Kleid
'o reggippètto	der Büstenhalter
'e scàrpe	die Schuhe
'e tirànte	die Hosenträger
'a vèsta	der Anzug, das Kleid

Auf dem Lande

Die Landwirtschaft ist in Kampanien immer noch eine wichtige Einnahmequelle, und wenn man die ausgetretenen Touristenpfade mit offenen Augen verlässt, wird man sehr schnell einen ersten Eindruck dieses Lebens bekommen.

Vulèsse assaggià nu piézzo 'e muzzarèlla 'e bùfala!
würde-wollen probieren ein Stück(m) von Mozzarella von Büffel
Ich möchte ein Stück Büffelmozzarella probieren.

'a vàcca	die Kuh
'o vetiéllo	das Kalb
'o tòro	der Stier
'o puórco	die Schweine
'o ciùccio	der Esel
'o mùlo	der Maulesel; das Maultier
'a cràpa	die Ziege
'o piécuro	der Ziegenbock
'a crapuscèlla	das Zicklein
'o pastóre	der Schäfer
'o rìccio	der Igel
'a lacèrta	die Eidechse
'a vórpa	der Fuchs
'o cignàle	das Wildschwein

In Kampanien ist man besonders stolz auf den hier produzierten Büffelmozzarella, der natürlich viel hochwertiger als der gewöhnliche Mozzarella ist; weshalb es in der Regel reicht, **muzzarèlla** *ohne den Zusatz* **'e bùfala** *zu sagen.*

Cómme so' bbellìlli chìsti vetiélli!
wie sind süß diese Kälber(m/Mz)
Wie süß diese Kälber sind!

Flirt & Liebe

Keine Frage, auf Neapolitanisch kann man wunderbar seine Gefühle ausdrücken, perfekte Voraussetzungen also für Flirt & Liebe.

Tu mmə fàje 'nnamurà!
du mich machst verlieben
Ich bin in dich verliebt!

Tə vòglio bbène!
dich möchte gut(Umst.)
Ich liebe dich!

Tu mmə fàje 'mpazzì!
du mich machst verrückt-werden
Ich bin verrückt nach dir!

Vorsicht: im Hochitalienischen heißt **fare l'amore** *„Liebe machen, miteinander schlafen", im Neapolitanischen bezieht es sich jedoch nur auf eine Liebesbeziehung, die nicht unbedingt Sex impliziert. Für „lieben" benutzt man fast ausschließlich* **vuò bbène;** *das Verb* **amà** *(vgl. Italienisch* **amare** *= lieben) gibt es zwar, aber man verwendet es nicht.*

Te vòglio vasà, ammóre mio!
dich möchte küssen Liebe mein(m)
Ich will dich küssen, mein Schatz!

Che bbèlla guaglióna!
Was schön(w) Mädchen
Was für ein schönes Mädchen!

Che bbèllo guaglióne!
was schön(m) Junge
Was für ein hübscher Junge!

ll'ammóre	die Liebe
vuò bbène	lieben
fà ll'ammóre	sich lieben, zusammen sein
chiavà	mit jmd. schlafen (ugs.)
vasà	küssen
strégnere	sich umarmen

Divo Diego: Fußball

Immer wieder findet sich das Konterfei Diego Maradonas in Bars, Cafés und Geschäften, denn „Divo Diego" gilt immer noch als Halbgott, der der **Società Sportiva Calcio Napoli,** oder kurz SSC Napoli, zu ihren glorreichsten Jahren verholfen hat. Maradona wurde für rund 13,5 Milliarden Italienische Lire (rund 6,8 Millionen €) vom FC Barcelona eingekauft – damals der teuerste Transfer in der Fußballgeschichte – und spielte von 1984 bis 1991 für den SSC Napoli.

Er bescherte ihm in 188 Spielen stolze 81 Tore, gewann mit ihm 1987 und 1990 die italienische Meisterschaft (den begehrten Scudetto), 1987 außerdem die Coppa Italia und zwei Jahre später sogar den UEFA-Pokal.

Als Maradona 1991, geplagt von Drogenprozessen und Vaterschaftsklagen, in seine Heimat Argentinien zurückkehren musste, folgte der Abstieg des Vereins, zuerst in die B-Liga und nach dem Konkurs 2004 sogar in die Regionalliga. Doch bereits zwei Jahre später stieg der SSC Napoli wieder wie Phönix aus der Asche und spielt mittlerweile erneut in der ersten Liga,wenn auch nicht mehr so ruhmreich wie in den Jahren Maradonas, dessen Trikot Nummer 10 übrigens nie wieder vergeben wurde.

Maradona è cunsideràto 'o cchiù grànde jucatòre d' 'a stòria d' 'o pallòne!
Maradona ist angesehen der mehr groß Spieler von'die Geschichte von'der Ball
Maradona gilt als der größte Spieler in der Geschichte des Fußballs!

Fotografieren

Gerade alte Leute mögen es oft nicht, wenn man die Kamera auf sie richtet. Auch in Kirchen und bei religiösen Festen und Feierlichkeiten sind Kameras von Fremden meist unerwünscht!

Auch in Neapel und Umgebung gehört es sich grundsätzlich nicht, Personen einfach ohne ihr Einverständnis abzulichten, daher sollte man lieber fragen, bevor man mit dem fröhlichen „Schießen" beginnt.

Pòzzo fotografà ccà?
kann fotografieren hier
Kann ich hier fotografieren?

Tə / və pòzzo fotografà?
dich / euch kann fotografieren
Kann ich dich / Sie fotografieren?

Tə / və màndo 'a còpia.
dir / euch schicke die Kopie
Ich schicke dir / Ihnen den Abzug.

Pə ggentilézza, cə putìte fotografà?
für Freundlichkeit(w) uns könnt fotografieren
Können Sie uns bitte fotografieren?

Das Verb **ritrattà** *ist etwas antiquiert und wird nur noch im Sinne von „porträtieren" verwendet.*

'a màchina fotogràfica	der Fotoapparat
'a cineprésa	die Videokamera
'a fotografìa / 'o rritràtto	das Foto
'a copia	der Abzug
fotografà / ritrattà	fotografieren
filmà	filmen

Behörden, Bank & Post

Alles Behördliche wird in Kampanien auf Italienisch abgewickelt. Daher ist das folgende Kapitel sehr kurz gehalten. Anbei nur einige Wörter, die helfen können, bei Neapolitanern eine Auskunft zu bekommen.

ll'amministrazióne	die Verwaltung
ll'ufficio	das Büro
'o direttó(re)	der Direktor
ll'ispettó(re)	der Inspektor
'a pòsta	das Postamt
'o bbànco / 'a bànca	die Bank
'o pustino	der Briefträger
'e gguàrdie / 'a pulizzìa	die Polizei
'o guàrdio / 'o pulizziòtto	der Polizist

Addó sta 'a pòsta?
wo ist die Post
Wo ist das Postamt?

Vòglio parlà ch'e gguàrdie.
möchte sprechen mit'die Polizei(w/Mz)
Ich möchte mit der Polizei sprechen.

Cə sta nu bànco dint'a 'sta vìa?
hier ist eine Bank(w) in dieser Straße
Gibt es in dieser Straße eine Bank?

Die Familie

Wie bereits erwähnt, ist die Familie für die Neapolitaner äußerst wichtig. Man lebt in Großfamilien, in denen jeder Einzelne eine bestimmte Rolle spielt. Der Vater repräsentiert die Familie nach außen hin, die Mutter erhält den Frieden innerhalb, die Alten sind die Weisen usw.

Die Blutsverwandtschaft gilt als heilig, und man verhält sich oft auf eine ganz bestimmte Weise, nur um nicht das Ansehen der Verwandten zu beschädigen.

Da die Familie oft ein Gesprächsthema ist, sind hier die wichtigsten Verwandtschaftsbeziehungen aufgeführt. Neapolitaner lieben es, sich darüber auszulassen, wer mit wem auf welche Weise ver(schwipp)schwägert ist!

Chi è ìsso?
wer ist er
Wer ist er?

Chi è éssa?
wer ist sie
Wer ist sie?

Ìsso è 'o figli'e zì'e Camìllo.
er ist der Sohn'von Onkel' von Camillo
Das ist der Sohn von Camillos Onkel.

Sìte spusàto / spusàta?
Sie seid verheiratet(m/w)
Sind Sie verheiratet?

Tenìte figli?
habt Söhne(m/Mz)
Haben Sie Kinder?

Sì, tenìmmo nu figlio e ddóie figlie.
ja haben ein Sohn und zwei Töchter(w/Mz)
Ja, wir haben einen Sohn und zwei Töchter.

'o marìto	der Ehemann
'a muglièra	die Ehefrau
'o pàte	der Vater
'a màmma	die Mutter
'e genitóri	die Eltern
'e ccriatùre	die Kinder
'e figli	die (eigenen) Kinder
'o nònno	der Großvater
'a nònna	die Großmutter
'o figlio	der Sohn
'a figlia	die Tochter
'o fràte	der Bruder
'a sòra	die Schwester
'e nepùte	die Enkelkinder
'e pariénte	die Verwandten
'o fràte cucìno	der Cousin
'a sòra cucìna	die Cousine
'o zì(o)	der Onkel
'a zì(a)	die Tante
'o cainàto	der Schwager
'a cainàta	die Schwägerin
'o gnóre	der Schwiegervater
'a gnóra	die Schwiegermutter
'o jénnero	der Schwiegersohn
'a nòra	die Schwiegertochter

Eine berühmte neapolitanische Volksweisheit lautet:

'E figli so' pièzze 'e còre.
Die eigenen Kinder sind Teile des Herzens.

Krank sein

Auch beim Thema Gesundheit gilt, dass man sich wohl kaum auf Neapolitanisch artikulieren wird, denn die meisten Ärzte kennen die Fachbegriffe selber eher auf Italienisch.

Selbst im schönsten Urlaub kann es mal passieren, dass es einem nicht so gut geht. In Kampanien ist das kein großes Problem, denn es gibt ausgezeichnete Ärzte, Krankenstationen und Krankenhäuser, die allesamt unseren Standards entsprechen. Erkundigen Sie sich nur vorher, inwieweit Ihre Krankenversicherung für eine Behandlung aufkommt.

Ué amìco, cómme stàte?
Oh Freund(m) wie seid
Wie geht es Ihnen, mein Freund?

Nun c'è màle. E vùje?
nicht hier'ist schlecht und ihr
Mir geht's nicht schlecht. Und Ihnen?

Accussì accussì! Mə fa màle 'a càpa.
so so mir macht schlecht die Kopf(w)
So lala! Mir tut der Kopf weh.

'a malatìa	die Krankheit
malàto	krank
'o ccatàrro	die Grippe
'a tóssa	der Husten
'a frève	das Fieber
'o vvuómmeco / 'a vummécata	das Erbrechen
'o dulóre / 'a péna	der Schmerz
'o mmàl'e càpa	die Kopfschmerzen

'o mmàl'e pànza	die Bauchschmerzen
'o mmàl'e cuóllo	die Halsschmerzen
'o mmàl'e riénte	die Zahnschmerzen
'o mmàl'e stòmmaco	die Magenschmerzen
mə fa màle ...	... tut mir weh
mə fànno màle ...	... tun mir weh
mə fa màle 'o ppère	mein Fuß tut mir weh

Addó sta nu miéreco?
wo ist ein Arzt
Wo gibt es einen Arzt?

Currìte, ajutàtemə!
lauft helft-mir
Schnell, helfen Sie mir!

Chiammàte 'a 'mbulànza!
ruft die Rettung(w)
Rufen Sie einen Krankenwagen!

'o mmiéreco	der Arzt
'o dduttóre	der Doktor
'a liggètta	das Rezept
na pastìglia	eine Tablette
n'anguènta	eine Salbe
na fasciatùra	der Verband

Natürlich ist es unangenehm, krank zu werden, und es ist deshalb ratsam, einige grundsätzliche Regeln einzuhalten, um solche Situationen zu vermeiden. So sollte man möglichst weder Leitungswasser trinken noch ungewaschenes Obst und Gemüse essen.

Toilette

In vielen kleineren Kneipen im Raum Neapel gibt es nur eine Toilette für Damen und Herren. Ab und zu findet man auch Hockklos. Gerade auf dem Land kann aufgrund der Wasserknappheit im Sommer auch mal ein Eimer mit Wasser neben dem Örtchen stehen.

'o ggabbinètto	die Toilette, das WC
'a stanz'e bbàgno	das Bad
occupàto	besetzt
lìbbero	frei
càrta iggiénica	Klopapier
uòmmene	Herren
fémmene	Frauen

Addó sta 'o ggabbinètto?
wo ist der Toilette
Wo ist die Toilette?

Nun cə sta càrta iggiénica.
nicht hier ist Papier(w) hygienisch
Es gibt kein Klopapier.

Literaturhinweise

Wer sich weiter mit dem Neapolitanischen beschäftigen möchte, der findet speziell in Italien eine Menge an gutem Material. Vorausgesetzt werden hier selbstverständlich Italienischkenntnisse.

Colomba Rosaria Andolfi: **Facile Facile – Imperiamo la lingua napoletana** (weiterführendes Lehrwerk, erschienen bei Kairos)

Bruno Amato und Anna Parlo: **A Napoli si parla così** (gut zur Erweiterung des Wortschatzes)

Carlo & Antonio Iandolo: **Parlare e scrivere in dialetto napoletano** & **Dizionario etimologico napoletano** (2-bändiges Lehrwerk, erschienen bei Cuzzolin Editore)

Wörterbücher

Bruno Amato und Anna Parlo: **Dizionario Napoletano-Italiano-Napoletano** (das kleine Standardwerk, erschienen bei A. Vallardi)

Sergio Zazzera: **Dizionario Napoletano** (erschienen bei Newton Compton Editori)

Wer sich noch intensiver mit dem Neapolitanischen beschäftigen möchte, der sollte Theaterstücke von Eduardo De Filippo lesen, wie **Napoli Milionaria, Natale In Casa Cupiello** *oder* **Non Ti Pago.** *Auch in der Musik ist der Dialekt höchst lebendig, so singen Interpreten wie Nino D'Angelo, Gigi D'Alessio, Maria Nazionale, Gigi Finizio, Pino Daniele u.v.a. fast ausschließlich auf Neapolitanisch. In diesem Sinne:* **jàmmo jà!**

Wörterliste Neapolitanisch – Deutsch

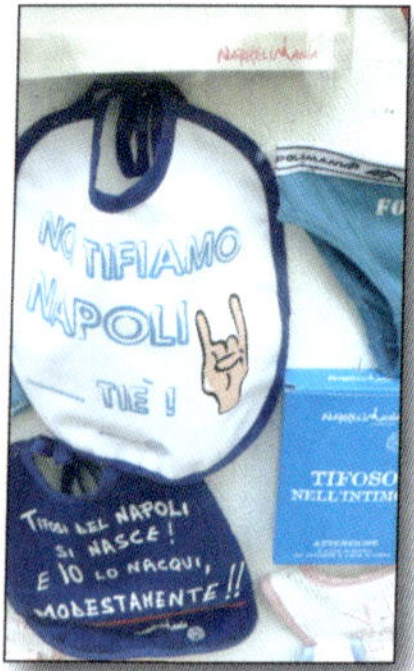

Kitsch alla Napoli

In der folgenden Wörterliste sind etwa 1300 Wörter als Grundwortschatz aufgeführt. Speisen, Getränke, Lebensmittel, Autoteile und andere spezifische Ausdrücke werden nicht aufgeführt, da sie leicht in den entsprechenden Kapiteln zu finden sind.

- *Das Geschlecht wird nur bei weiblichen Hauptwörtern durch ein „w." angegeben, alle weiteren sind folglich männlich bzw. sächlich. Nur dort, wo eine Unterscheidung unbedingt notwendig ist, z. B. bei Eigenschaftswörtern, wird das Geschlecht auch bei sächlichen und männlichen Begriffen durch „s." bzw. „m." gekennzeichnet.*
- *Hauptwörter werden nur in der Einzahlform angeführt, es sei denn, sie kommen nur in der Mehrzahl(Mz.) vor.*

A

a zu, nach, in, bis
a piedi zu Fuß
a stiénto gerade, kaum
'a bei, seit, zu
'a *w.* die
'a càpa 'o ppère komplett (Adverb)
abballà tanzen
abbàscio unten
abbastà reichen, genug sein
abbisugnà brauchen, nötig haben
abbraccià umarmen
abbruccià (ver)brennen
abbuffàtto/-a *m./w.* satt
abbuscàrsə verdienen
accattà kaufen
acchiàre *s./Mz.* Brille
accìrere töten
accummincià anfangen
accumpagnà begleiten
accumudàrsə Platz nehmen, sich setzen, es sich bequem machen
accuncià besser werden, verbessern
accussì so
àceto/-a *m./w.* sauer
acìto *s.* Essig
àco *s.* Nadel
àcqua gassàta *w.* Sprudelwasser
àcqua naturàle *w.* stilles Wasser
àcqua *w.* Wasser
adderèto hinten
addiventà werden
Addò? Wo?
aeropòrto Flughafen
affiànco neben
affittà ausleihen, mieten
agricultùra *w.* Landwirtschaft
aizà heben
ajére gestern
ajutà helfen

ajùto Hilfe
alcol Alkohol
alìscafo Tragflächenboot
allergìa *w.* Allergie
allèrgico/-a *m./w.* allergisch
allèro/-a *m./w.* fröhlich
alliccàto/-a *m./w.* elegant
allicurdà erinnern
allóra also, dann, nun
almé wenigstens
amàro/-a *m./w.* bitter
americàno/-a *m./w.* amerikanisch
amìca *w.* Freundin
amìco *m.* Freund
ammacàro vielleicht
ammiscàto/-a *m./w.* gemischt
ancòra noch
àngulo Ecke
animàle Tier
annànze vor (räumlich), vorne
annettà säubern
ànno Jahr
aperitìvo Aperitif
apiérto/-a *m./w.* geöffnet
apparécchio Flugzeug
appiccecàrsə streiten
appresentà vorstellen
appruntàto/-a *m./w.* bereit, fertig
appucundrùto/-a *m./w.* traurig
appuntamènto Verabredung
ar(r)èto zurück
arapì öffnen
àrbero Baum
argiénto Silber
armàrio Schrank
arrecógliere sammeln
arreparà reparieren
arrepètere wiederholen
arrepusàrsə sich ausruhen
arrèto a hinter
arrivà ankommen
arròstere braten, grillen
arrùsto Braten
àrte *w.* Kunst
ascensòre Lift
asciùtto/-a *m./w.* trocken
aspettà warten
assaggià kosten, probieren (Essen)
assàje sehr, viel
assettàrsə sich setzen
Attenzióne! Achtung!, Vorsicht!
attivà aktivieren
auciéllo Vogel
aunì dazustellen
ausà benutzen
Àustria Österreich
austrìaco/-a *m./w.* Österreicher/in
àuto/-a *m./w.* hoch, laut
autobùs *s.* Bus
àutro/-a *m./w.* andere/r
autùnnə Herbst
avé haben (Hilfsverb)
avé 'a müssen
avutà abbiegen, drehen
avvucàto Anwalt

B

baàglio Gepäck
bàgno Bad, Toilette
balìcia *w.* Koffer
balìcie *w./Mz.* Gepäck
banca *w./banco* Bank
bàncomat Geldautomat
bancunìsta *m./w.* Verkäufer/in
basètto Becher
bàsso Rock
bastànte genug
battarìa *w.* Batterie
bbuóno/bbòna *m./w.* gut
bed & breakfast einfaches Hotel
bèllo/-a *m./w.* schön
Bemmenùto/-a! *m./w.* Willkommen!
bène / be' gut (Adverb)
benzìna *w.* Benzin
bicchiére Glas
bici(clètta) *w.* Fahrrad
bigliètto Fahrkarte, Ticket
bìrra *w.* Bier
blé *m./w.* blau
bloccà blockieren
Bòna jurnàta Guten Tag, Guten Morgen
Bonanòtte Gute Nacht
Bonaséra Guten Abend
bòsco Wald (klein)
briòscia *w.* Brioche
brùtto/-a *m./w.* hässlich, schlecht
buàtta *w.* Glas
burzètta *w.* Täschchen
bùsta *w.* Briefumschlag, Kuvert
buttéglia *w.* Flasche

C

c'è es gibt
ca (der,) welcher, dass

Wörterliste Neapolitanisch – Deutsch

cadé fallen
cafè Kaffee (Espresso)
cagnà umsteigen
calìmma *w.* Wärme, Hitze
càmmara *w.* Zimmer
cammenà gehen, laufen
cammenàta *w.* Spaziergang
cammìsa *w.* Hemd
campà leben
campagnuólo Bauer
càmpo Feld
càne Hund
cànna *w.* Hals
cantà singen
cantìna *w.* einfaches Restaurant, Weinkeller, Kantine
canuscènza *w.* Kenntnis
canzóna *w.* Lied
càpa *w.* Kopf
capì verstehen
càrcere Gefängnis
càrna *w.* Fleisch
càro/-a *m./w.* teuer
càrta 'e crédito *w.* Kreditkarte
càrta geogràfica *w.* Landkarte
càrta iggiénica *w.* Toilettenpapier
càrta *w.* Karte, Ausweis, Dokument, Papier
cartolìna *w.* Postkarte
càsa *w.* Haus
casadduóglio Wurstmetzger
càscia *w.* Kasse
càso Käse
castiéllo Burg
catàrro Erkältung
càvero/-a *m./w.* warm, heiß
cazètta *w.* Socke
cazóne Hose
ccà hier
cchiù mehr, plus (+)
cə davon, uns, hier
Cə vô… Man braucht … (zeitlich)
celèste *m./w.* himmelblau
céna *w.* Abendessen
cenneriéra *w.* Aschenbecher
centràle *m./w.* zentral
céntro Zentrum, Innenstadt
cercà suchen
cèsso Toilette
che (der,) welcher; (die,) welche
Che? Was?, Was für ein/e?, Welche/r?
Chi? Wer?
chiàgnere weinen
chiammà (an)rufen
chiànca *w.* Fleischerei
chianchiére Fleischer
chiàno/-a *m./w.* langsam
chiànu chiànu langsam (Adverb)
chiàro/-a *m./w.* hell
chiàve *w.* Schlüssel
chiésia *w.* Kirche
chìlo Kilo
chìno/-a *m./w.* voll
chiòcciola *w.* at (@)
chiòvere regnen
chiùso/-a *m./w.* geschlossen
ciardìno Garten
Ciérto! Natürlich!
ciérto/-a *m./w.* sicher
cìnema Kino
città *w.* Stadt
co, cu mit
còcere kochen
còdice Code
colezióne *w.* Frühstück
Cómme? Wie?
compùter Computer
cóntro gegen
córrere laufen
córzo Prachtstraße
còsa *w.* Ding, Sache
còscia *w.* Bein
crérere glauben
criatùra *w.* Kind
crìscio/-a *m./w.* grau
cruvàtta *w.* Krawatte
cucchiàro Löffel
cucìna *w.* Küche
cugnòmme Familienname
culoràto/-a *m./w.* bunt
culóre Farbe
cummènto Kloster
cummerciànte *m./w.* Händler/in
cummèrcio Handel
cummersazióne *w.* Gespräch
cumpàgna *w.* Lebensgefährtin
cumpàgno Lebensgefährte
cumplicàto/-a *m./w.* kompliziert, schwierig
cunciérto Konzert
cunfermà bestätigen
cunsiglià empfehlen
cuntà (er)zählen
cuntàto Kontakt

cùnto Erzählung, Rechnung, Konto
cuntróra *w.* Nachmittag
cuntrullà kontrollieren
cuntuórno Beilage
cuótto/-a *m./w.* gekocht
cùpo/-a *m./w.* dunkel, tief
curiùso/-a *m./w.* neugierig, seltsam, sonderbar
curréia *w.* Gürtel
curtiéllo Messer
cùrto/-a *m./w.* kurz
cuscìno Kissen
custà kosten
custùme 'e bàgno Badeanzug, Badehose

D

da seit
dà geben
dàrsə appuntamènto sich verabreden
dàta *w.* Datum
delìtto Verbrechen
denànte vor (räumlich)
denàre Geld
dentìsta *m./w.* Zahnarzt, Zahnärztin
denùcchio Knie
derìtto geradeaus
desiderà wünschen
destinazióne *w.* Bestimmungsort
dèstra (a ~) rechts (nach rechts)
dialètto Dialekt
dìcere sagen
dìcere 'e bbuscìe lügen
digità wählen
dimàne morgen
dimannà fragen, bitten
dìnto in
Dìo Gott
direzióne *w.* Richtung
discotéca *w.* Diskothek
dispiacé missfallen; leid tun
dizzionàrio Wörterbuch
dòccia *w.* Dusche
dóce Nachtisch
dóce *m./w.* süß
dòppo nach (zeitlich)
dùie zwei
dulóre Schmerz
dumànna *w.* Frage
dumméneca Sonntag
dùppio/-a *m./w.* doppelt
durà dauern
durmì schlafen
dùro/-a *m./w.* hart
dùttore Doktor (Dr.), Arzt
duvére müssen

E

e und
'e von, aus
'e fòra äußere/r, Außen-
'e n'àta manèra verschieden
'e pòco prèzzo billig
'e sùbbeto plötzlich
'e *w., Mz.* die
ebbè also
eccezziunàle *m./w.* ausgezeichnet
eguàle gleich (=)
entràta *w.* Vorspeise
éssa *w.* sie
èssere sein
Est Osten
èstero Ausland
éuro Euro
èvera *w.* Gras

F

fà machen, tun
fà 'a spésa einkaufen gehen (Lebensmittel)
fà 'o bbàgno baden
fà canuscènza sich kennenlernen
fà fèsta feiern
fà màle schmerzen, weh tun
fà spése einkaufen gehen (Kleidung)
fà vedé zeigen
famìglia *w.* Familie
fàmma *w.* Appetit, Hunger
famòso/-a *m./w.* berühmt
farmacìa *w.* Apotheke
farmacìsta *m./w.* Apotheker/in
faticà arbeiten
fatìca *w.* Arbeit
fàuzo/-a *m./w.* falsch
fax Fax
felìce *m./w.* glücklich
fèlla *w.* Stück
fémmena 'e càsa *w.* Hausfrau
fémmena *w.* Frau
fenèsta *w.* Fenster
ferì sich verletzen
fermà halten

fermàta *w.* Haltestelle
fernì aufhören, beenden
ferrovìa *w.* Eisenbahn
fésso/-a *m./w.* dumm
fèsta *w.* Feier, Ferien, Fest, Urlaub
figli *m./Mz.* Kinder (eigene), Söhne
figlia *w.* Tochter
figlio Sohn
filo Faden
fine *w.* Ende
firmà unterschreiben
fittà mieten, vermieten
fòrte *m./w.* gesund, laut, scharf, stark
fòrze vielleicht
fotografà fotografieren
francèse *m./w.* französisch, Franzose/Französin
franchebbóllo Briefmarke
fràte Bruder
fravecà bauen
fràveca *w.* Fabrik
frève *w.* Fieber
friddo/-a *m./w.* kalt
frijere fritieren
frìsco/-a *m./w.* frisch, kühl
frìtto/-a *m./w.* fritiert
fròbbece *w./Mz.* Schere
frónte *w.* Vorderseite
frùtta *w.* Frucht, Obst
fruttaiuólo Obsthändler
fumà rauchen
fùngio Pilz
funicolàre *w.* Schienenseilbahn
funzionà funktionieren
fuóco Feuer
fuóglio Blatt (Baum, Papier)
furastiéro/-a *m./w.* Ausländer/in
furchètta *w.* Gabel
furèsta *w.* Wald (groß)
furmàggio Käse
fùrto Diebstahl
furtùna *w.* Glück

G

gàmma *w.* Bein
gattò Kuchen
gelàto Eis
genitóri *m./Mz.* Eltern
gènte *w.* Leute
gentìle *m./w.* höflich
gentilézza *w.* Höflichkeit
Germània Deutschland
ghì gehen, fahren
già schon
giacchètta *w.* Jacke, Sakko
giàllo/-a *m./w.* gelb
gióvene *m./w.* jung
gioverì Donnerstag
gìro Drehung, Rundfahrt, Tour
giurnalàro Kiosk, Zeitschriftenhändler
giurnàle Zeitung
giurnalista *m./w.* Journalist
grammàtica Grammatik
gràmmo Gramm
grànne *m./w.* groß
gratìsse kostenlos
gràve *m./w.* ernst, ernsthaft, schlimm
gràzi'assàje tausend Dank
gràzie danke
griglià grillen
grigliàto/-a *m./w.* gegrillt
gruósso/-a *m./w.* dick
guaglióna *w.* (feste) Freundin, Mädchen, junge Frau
guaglióne (fester) Freund, Junge, junger Mann
guànti *s./Mz.* Handschuhe
guànto Kondom
guardàta *w.* Blick
guàrdie w./Mz. Polizei
guàsto Panne

I

igiénico/-a *m./w.* hygienisch
impiagàto/-a *m./w.* Angestellte/r
incidènte Unfall
indirìzzo Adresse
indùstria *w.* Industrie
infrommà informieren
infrómma *w.* Information
inglése *m./w.* Engländer/in, englisch
installà installieren
intèrprete *m./w.* Dolmetscher/in
'into in
inzètto Insekt
inzómma also, wie auch immer
io ich
ìsola *w.* Insel
ìsso er
Itàlia Italien

(i)taliàno italienisch, Italienisch (Sprache)
(i)taliàno/-a *m./w.* Italiener/in

J

jànco/-a *m./w.* weiß
jentìle *m./w.* freundlich, nett, sehr geehrte/r
jì gehen, fahren
jì truvànno suchen
jucà spielen
juórno Tag
jurnàta *w.* Tag(-esablauf)
jùsto/-a *m./w.* richtig

L

làgo See
làmpa *w.* Lampe
làsco/-a *m./w.* breit, weit
lassà (ver)lassen, auschecken
làto Seite (Richtung)
làtte Milch
lavà waschen
lavàrsə sich waschen
lavurànte *m./w.* Arbeiter/in
légge *w.* Gesetz
lèggere lesen
léngua *w.* Sprache
lenzùlo Bettlaken
lèsto/-a *m./w.* schnell
léttera *w.* Brief, Buchstabe
libberàrsə frei werden
lìbbero/-a *m./w.* frei
lìbbro 'e cucìna Kochbuch
lìbbro Buch
liéggio/-a *m./w.* leicht
liétto Bett
lìgnamme Holz
limoncéllo Zitronenlikör
limóne Zitrone
lìnia *w.* Linie
lìtro Liter
llà da, dort
llòro sie (Mz.)
locàle Lokal
lùce *w.* Licht
lunnerì Montag
luntàno/-a *m./w.* fern, weit
luóngo/-a *m./w.* lang
lùstro/-a *m./w.* sauber

M

ma aber
maccarùne *s./Mz.* Pasta (Nudeln)
màchina fotogràfica *w.* Fotoapparat
màchina *w.* Auto, Maschine
machinètta *w.* Feuerzeug
magazzìno Geschäft
màglia *w.* Pullover
magnà essen
màje niemals
malatìa *w.* Krankheit
malàto/-a *m./w.* krank
màle schlecht (Adverb)
màmma *w.* Mutter
màna *w.* Hand
mangià ('o mmangià) Speise
mannà schicken
màppa *w.* Plan, Landkarte
màre Meer
marìto Ehemann
marrò *m./w.* braun
marterì Dienstag
matenàta *w.* Vormittag
matìna *w.* Morgen
matremmònio Hochzeit
'mbrèllo Regenschirm
'mbrùmma *w.* Getränk
mèdio/-a *m./w.* halb
mèglio, cchiù bbuóno besser
méla *w.* Apfel
mellóne Melone
memorizzà sich merken
méno weniger, minus (-)
menù Speisekarte
mercàto Markt
mesàta *w.* Gehalt
mése Monat
mètro U-Bahn
mèttere legen
mezanòtte *w.* Mitternacht
micciariélli *s./Mz.* Streichhölzer
miercurì Mittwoch
miéza *w.* Hälfte, halbe (Stunde)
miézo/-a *m./w.* halb
miezojuórno Mittag
mìlle tausend
minùto Minute
mìo/-a *m./w.* mein/-e
'mmasciàta *w.* Nachricht
'mméce hingegen, stattdessen
'mmericìna *w.* Medikament
'mmiézo a zwischen
'mmità einladen
'mmìto Einladung

mo' jetzt
mòda *w.* Mode
módulo Formular
momènte Moment
mòrte *w.* Tod
mòto *w.* Motorrad
'mparà lernen, unterrichten
'mpreciso genau (Adverb)
'mpurtà wichtig sein
'mpurtànte wichtig
muglièra *w.* Ehefrau
munnézza *w.* Müll
muntàgna *w.* Gebirge
muórto/-a *m./w.* tot
muórzo gebissen
murì sterben
mùro Wand
mùseca Musik
mutóre Motor
muzzecà beißen

N

na *w.* eine
Nàpule Neapel
natà schwimmen
nàtta *w.* Sahne
natùra *w.* Natur
naturàle *m./w.* natürlich
nàva *w.* Schiff
nazionàle *m./w.* national
nazionalità *w.* Nationalität
'nce davon
'ncèndio Brand
'nchiùrere schließen
('n)chiùso/-a *m./w.* geschlossen
'ncòpp'a tùtto vor allem
'ncòppa hinauf, auf, oben, über
'ncuntrà treffen
necessàrio/-a *m./w.* notwendig
néglia *w.* Nebel
'nfàccia gegenüber
'nfermiéra *w.* Krankenschwester
'nfèrta *w.* Trinkgeld
'nfruènza *w.* Grippe
'nfùso /-a *m./w.* nass
'ngenzìa *w.* Agentur, Behörde
'ngigniére Ingenieur
'ngnissà eingipsen
niénte nichts
nìro/-a *m./w.* schwarz
nisciùno/-a *m./w.* niemand
'nnammuràta *w.* Verlobte
'nnammuràto Verlobter
'nnammuràto/-a *m./w.* verlobt
no nein
nòmme Name
nònna *w.* Oma, Großmutter
nònno Opa, Großvater
Nord Norden
normàle *m./w.* normal
nòtte *w.* Nacht
nòve neun
'nquartàrsə böse sein, verärgert sein
'nsino (a) bis (zu)
'ntènnere verstehen
'nteressànte *m./w.* interessant
'nterèsse Interesse
'nternazionàle m./w. international
'ntruculiàto/-a *m./w.* bewölkt
nu ein
nùdo/-a *m./w.* nackt
nùje wir
nùmmero Nummer, Schuhgröße
nun nicht
nuósto/-a *m./w.* unser/-e
nuovamènne wieder
'nzalàta *w.* Salat
'nzerrà schließen
'nziéme zusammen

O

o oder
o si nò ansonsten
'o es, der, die, ihn (Akk.)
'o der
'o mmése monatlich, Monats-
occupàto/-a *m./w.* beschäftigt, belegt
offrì anbieten
ògge heute
ognùno jeder
oì da ist
Olànda Holland
omertà *w.* Schweigen
òmmo Mann, Mensch
óra *w.* Stunde
oràrio Fahrplan
ordinàrio/-a *m./w.* normal, gewöhnlich
organizzà organisieren
òro Gold
òtto acht
overamènte wirklich (Adverb)
Ovèro è? Nicht wahr?
ovèro/-a *m./w.* echt, wahr, wirklich, tatsächlich
Òvest Westen

P

pacchòtto Päckchen, Paket
pàce *w.* Frieden
paése Dorf
pàggina *w.* Seite (Buch)
palàzzo Gebäude, Palast
palìco Zahnstocher
pallóne Fußball
pàne Brot
panettiére Bäcker
paniéllo belegtes Brötchen
pànza *w.* Bauch
pàrco Park
paré scheinen
parlà reden, sprechen
parlaménto Parlament
pàro Paar
paròla *w.* Wort
partì (ab)fahren
passapòrto Reisepass
pàsta *w.* Gebäck; Pasta (Nudeln)
pastìglia *w.* Tablette
patàna *w.* Kartoffel
pàte Vater
pavà (be)zahlen
paziènte *m./w.* Patient
pazzièlla *w.* Spielzeug
pe' für, per, um zu
pe' (+ Infinitiv) damit
pe' ttramènte inzwischen, während
pe' vìa wegen
peccàto Sünde
pecché weil
Pecché? Warum?
pèggio schlechter
penzà denken
penzióne *w.* Pension
penziunàto/-a *m./w.* Rentner/in
pépe Pfeffer
pèrdere verlieren
père Fuß
perfètto/-a *m./w.* perfekt
perìcolo Gefahr
però aber
pertùso Loch
perzóna *w.* Person
pesànte *m./w.* schwer
pésca *w.* Pfirsich
pésce Fisch
piacé gefallen
piacére Vergnügen
piàno Stockwerk
piànta *w.* Pflanze
piàtto Gericht, Teller
piàzza *w.* Platz
piccerìllo/-a *m./w.* klein
piétto Brust
piézzo Stück
piglià nehmen
piòggia *w.* Regen
piro Birne
pìso Gewicht
pìzza dóce *w.* Kuchen
pìzza *w.* Pizza
pizzerìa *w.* Pizzeria
pìzzo Ort
po' dann, nachher, danach
pòco bisschen, wenig
pógnere stechen
pònte Brücke
pòrta *w.* Tür
possìbbile *m./w.* möglich
pòsta *w.* Post
pòsto (a ~) Platz, Stelle (in Ordnung)
pòvero/-a *m./w.* arm
prànzo Mittagessen
preferì lieber mögen, vorziehen
premmésso Bevollmächtigung, Erlaubnis, Genehmigung
prèna schwanger
prenotà buchen, reservieren
prèta *w.* Stein
prèzzo Preis
priàto/-a *m./w.* zufrieden
pricìso/-a *m./w.* exakt, genau
priésto bald
prìmma ('e) vor (zeitlich)
prìmmo/-a *m./w.* erste/r
priparà vorbereiten
privàto/-a *m./w.* privat
probblèma Problem
pròiere geben, reichen
pròprio ausgerechnet, direkt, gerade, genau
pròssimo/-a *m./w.* nächste/r
prufessióne *w.* Beruf
prufessóre *m./w.* Lehrer/in, Professor/in
prugràmma Programm
prunùncia *w.* Aussprache
prupietà *w.* Eigentum
prusùtto Schinken
pruvà (an)probieren, versuchen
pruvvedé besorgen, versorgen
pulìtica *w.* Politik
pulizzìa *w.* Polizei
pumàta *w.* Pomade; Salbe
pummaròla *w.* Tomate

punizióne *w.* Strafe
pùnto Punkt
puntuàle *m./w.* pünktlich
puórto Hafen
puparuólo Paprika
pupulazióne *w.* Volk
pùre auch
purtà bringen, tragen (auch Kleidung)
purtèlla *w.* Schalter (Bank, Post usw.)
purtuàllo Orange
pusizióne *w.* Lage
pustéggio Parkplatz
putè können
putéca *w.* Geschäft

Q

Qua'?, Quàle? Welche/r?
quàcche einige
quàcche vòta manchmal
quaccherùno/-a *m./w.* jemand
quaccòsa etwas
quànno als, wenn (zeitl.)
Quànno? Wann?
Quànto/-a? *m./w.* Wie viel/e?
quartiére Stadtviertel
quartìno Wohnung
quàrto Viertel(-stunde)
quàtro Bild
quàtto vier

R

ra(g)ù Ragout (dicke Sauce)
raccumannà empfehlen
ràdio *w.* Radio
raggióne *w.* Vernunft
rappresentànte *m./w.* Vertreter/in
ràro/-a *m./w.* selten
réna *w.* Sand
rènte Zahn
rentifrìcio Zahnpasta
rèola *w.* Regel
retirà abholen, entnehmen
rézza *w.* Netz
riàle *m./w.* reell
riàlo Geschenk
rìccio 'e màre Seeigel
rìcco/-a *m./w.* reich
ricévere erhalten, empfangen
riésto Rest
rilòrgio Uhr
rìne *s./Mz.* Rücken
ringrazià danken
rióne Stadtviertel
ripòso Ruhe
rirere lachen
risgraziatamènte leider
risicà riskieren, Gefahr laufen
rispónnere antworten
ristorànte Restaurant
ritàrdo Verspätung
rivìsta *w.* Zeitschrift
rummané bleiben
rùsso/-a *m./w.* rot
rùtto/-a *m./w.* gebrochen, kaputt

S

sàbbato Samstag
saglì einsteigen
sàla *w.* Saal
sàle Salz
salutà begrüßen, grüßen
salùte *w.* Gesundheit
salùto / salùte *w.* Gruß
sàno/-a *m./w.* ganz
sànto/-a *m./w.* heilig
sapé wissen
sapóne Seife
sapurìto/-a *m./w.* schmackhaft
sarviètta *w.* Serviette
sbaglià (sich) irren
sbàglio Fehler, Irrtum
scagnà umtauschen, wechseln (Geld)
scàla *w.* Treppe
scanusciùto/-a *m./w.* unbekannt
scarfà aufwärmen
scàrpe *w./Mz.* Schuhe
scassà brechen
scàsso Einbruch
scàtolo Dose, Schachtel
scènnere aussteigen
scetà aufwachen, wecken
scetàto/-a *m./w.* klug
schieià erklären
sciaffèrro Chauffeur
sciàrpa *w.* Schal
sciòpero Streik
scióre Blume
sciuccà schneien
sciùmmo Fluss
scòla *w.* Schule
scrìvere schreiben
scuccià stören
scucciànte *m./w.* langweilig
scuntrìno Quittung
scurdà vergessen

scusà sich entschuldigen
se / si wenn, ob
secóndo Sekunde
sèggia *w.* Stuhl
segretària *w.* Sekretärin
segrèto/-a *m./w.* geheim, heimlich
sèje sechs
semàforo Ampel
semmàna *w.* Woche
semmanàle *m./w.* wöchentlich, Wochen-
sèmp(r)e immer
sémprice *m./w.* einfach, leicht
sèntere hören, fühlen
sentì zuhören, fühlen
sentimènto Gefühl
sènza ohne
séra *w.* Abend
seràta *w.* Abend (Verlauf)
sèrpe Schlange
servì (be)dienen, servieren
servìzio Dienst, Service
séta *w.* Seide
séte *w.* Durst
sètte sieben
sfaticàto/-a *m./w.* faul
sì ja
sicàrio Zigarre
sìcco/-a *m./w.* dünn, trocken
sicóndo nach, gemäß
sicóndo/-a *m./w.* zweite/r
sicùro/-a *m./w.* sicher
sigarètta *w.* Zigarette
signó *m./w.* mein Herr, meine Dame
signóra *w.* Frau ..., meine Dame
signóre ... Herr ...
signurìna *w.* Fräulein
sinìstra ('a màna ~) links (auf der linken Seite)
sòdo/-a *m./w.* ruhig
sóle Sonne
sòra *w.* Schwester
sótto unter
spànnere ausstrecken, hinlegen
sparà schießen
sparagnà sparen
spàrtere trennen
spassùso/-a *m./w.* lustig
specìàle *m./w.* speziell, besonders
specialità *w.* Spezialität
spedì schicken, versenden
sperà hoffen
spésa *w.* Ausgabe (Geld)
spettàculo Vorstellung
spiàggia *w.* Strand
spicciàrsə sich beeilen
spìsso oft
spitàle Krankenhaus
sport Sport
sportìvo/-a *m./w.* Sport-, sportlich
sprèmmere drücken
spuórco/-a *m./w.* schmutzig
spusàrsə heiraten
spusàto/-a *m./w.* verheiratet
squàtra *w.* Mannschaft
stà sein, bleiben, sich aufhalten, sich befinden, stehen
stà 'e càsa wohnen
stà bbuóno passen
stà c'o ppenziéro sich Sorgen machen
stà susùsto/-a *m./w.* stehen
staggióne *w.* Jahreszeit, Sommer
stampà drucken
stànco/-a *m./w.* müde
stanfèlle *w./Mz.* Kleiderbügel
stànza *w.* Zimmer
stàto Land, Staat
stàtte bbuóno tschüss
stazióne *w.* Bahnhof, Halt, Haltestelle
stélla *w.* Stern
stésso/-a *m./w.* selbst
stòria *w.* Geschichte
stòrico/-a *m./w.* historisch, geschichtlich
strànio/-a *m./w.* fremd
stràta *w.* Straße
strìtto/-a *m./w.* eng
sturènte Student
sturentèssa *w.* Studentin
sùbbeto sofort, gleich
succiésso Erfolg
Sud Süden
suffitta *w.* Decke
suggità *w.* Gesellschaft
sùlo nur
sùlo/-a *m./w.* allein
supermercàto Supermarkt
supiérchio/-a *m./w.* übrig
surbètta *w.* Sorbet
surbètto Eis
surrìrere lächeln
svérto/-a *m./w.* schnell
Svìzzera Schweiz
svìzzero/-a, sguìzzaro/-a *m./w.* Schweizer/in

T

tabbaccarìa *w.* Tabakladen
tabbaccàro Tabakhändler
tabbàcco Tabak
tàcco Absatz
tàglia *w.* Größe (Kleidung)
tànto so sehr
tànto/-a *m./w.* (so) viel/-e
tappéto Teppich
tardà sich verspäten
tàrde spät
tassí Taxi
tavèrna *w.* einfaches Gasthaus
tavola *w.* Tisch
te / ti dir, dich
tè Tee
te' hier ist
tedèsco/-a *m./w.* Deutsche/-r
telefonà telefonieren
telefonàta *w.* Anruf, Telefonat
telefonìno Handy
telèfono Telefon
televisióne *w.* Fernsehen, Fernseher
tené (be)halten, haben (Vollverb)
tènna *w.* Zelt
tiémpo Zeit, Wetter
tifà (pe') (für) sein, Fan sein (von)
tifùso/-a *m./w.* Fan
tìpico/-a *m./w.* typisch
tìtto Dach
tra in (zeitlich)
tradizionàle *m./w.* traditionell
tradùcere übersetzen
traduttòre *m./w.* Übersetzer/in
tràmme Straßenbahn
trasùta *w.* Eingang
traversà überqueren
traviérza *w.* Querstraße
tré(je) drei
trèno Zug
triàto Theater
tròppo zu (viel)
truvà finden
tu du
tuccà berühren, treffen
tùjo/-a *m./w.* dein/-e
tùnno Thunfisch
turìsmo Tourismus
turìstico/-a *m./w.* touristisch
turnà zurückgehen, zurückkehren, zurückgeben
turrèno Grundstück
tutàle Summe
tùtto (quànto) alles, ganz
tuvàglia *w.* Handtuch

U

ufficio Büro
università *w.* Universität
ùno eins
uóglio Öl
uóvo Ei
urdinà bestellen
usànza *w.* Brauch
ùtele nützlich
ùva *w.* Weintraube

V

Vabbè! Geht klar!
vacànte *m./w.* leer
vàlido/-a *m./w.* gültig
vàllo Tal
vàrca *w.* Boot
vasà küssen
vàscio/-a *m./w.* niedrig, tief, leise
vàso Kuss
vàttere schlagen
vedé sehen
vegetariàno/-a *m./w.* vegetarisch, Vegetarier/in
veléno Gift
venì kommen
vénnere verkaufen
vèrde *m./w.* grün
verdùra *w.* Gemüse
vèrso gegen
vèspera *w.* Wespe
vestìti *s./Mz.* Kleidung
vestùto Kleid
vetrìna *w.* Auslage, Schaufenster
vévere trinken
via *w.* Weg, Straße
viaggià reisen
viàggio Reise
vicìno/-a *m./w.* **(a)** nahe, in der Nähe (von)
vìco Gasse
viécchio/-a *m./w.* alt
viénto Wind
viernarì Freitag
viérnə Winter
vìno jànco Weißwein
vìno Wein

vìno rùsso Rotwein
visità besichtigen
vìsta *w.* Anblick, Ausblick
vìta *w.* Leben
vóce *w.* Stimme
vòngola *w.* Venusmuschel
vórza *w.* Tasche
vòta *w.* Mal
vràccio Arm
vùje ihr, Sie
vulà fliegen
vulé möchten, wollen, brauchen (z. B. Zeit)
vulé bene lieben
vuósto/-a *m./w.* euer, Ihr
vutamiénto 'e stòmmaco Übelkeit

Z

zanzàra *w.* Stechmücke
zèro Null
zìa *w.* Tante
zìo Onkel
zòna *w.* Gegend
zoo Zoo
zùppa *w.* Suppe

Wörterliste Deutsch – Neapolitanisch

A

abbiegen **avutà**
Abend **séra** *w.*, **seràta** *w.*
Abendessen **céna** *w.*
aber **ma, però**
abfahren **partì**
abholen **retirà**
Absatz **tàcco**
acht **òtto**
Achtung! **Attenzióne!**
Adresse **indirìzzo**
Agentur **'ngenzìa** *w.*
aktivieren **attivà**
Alkohol **alcol**
allein **sùlo/-a** *m./w.*
Allergie **allergìa** *w.*
allergisch **allèrgico/-a** *m./w.*
alles **tùtto (quànto)**
als **quànno**
also **allóra, ebbè, inzómma**
alt **viécchio/-a** *m./w.*
amerikanisch **americàno/-a** *m./w.*
Ampel **semàforo**
anbieten **offrì**
Anblick **vìsta** *w.*
andere/r **àutro/-a** *m./w.*
anfangen **accummincià**
Angestellte/r **impiagàto/-a** *m./w.*
ankommen **arrivà**
anprobieren **pruvà**
Anruf **telefonàta** *w.*
anrufen **chiammà**
ansonsten **o si nò**
antworten **rispónnere**
Anwalt **avvucàto**
Aperitif **aperitìvo**
Apfel **méla** *w.*
Apotheke **farmacìa** *w.*
Apotheker/in **farmacìsta** *m./w.*
Appetit **fàmma** *w.*
Arbeit **fatìca** *w.*
arbeiten **faticà**

Arbeiter/in **lavurànte** *m./w.*
arm **pòvero/-a** *m./w.*
Arm **vràccio**
Arzt **dùttore**
Aschenbecher **cenneriéra** *w.*
at (@) **chiòcciola** *w.*
auch **pùre**
auf **'ncòppa**
aufhören **fernì**
aufwachen **scetà**
aufwärmen **scarfà**
aus **'e**
Ausblick **vìsta** *w.*
auschecken **lassà**
Ausgabe (Geld) **spésa** *w.*
ausgerechnet **pròprio**
ausgezeichnet **eccezziunàle** *m./w.*
Auslage **vetrìna** *w.*
Ausland **èstero**
Ausländer/in **furastiéro/-a** *m./w.*
ausleihen **affittà**
äußere/r, Außen- **'e fòra**
Aussprache **prunùncia** *w.*
aussteigen **scènnere**
ausstrecken **spànnere**
Ausweis **càrta** *w.*
Auto **màchina** *w.*

B

Bäcker **panettiére**
Bad **bàgno**
Badeanzug / Badehose **custùme 'e bàgno**
baden **fà 'o bbàgno**
Bahnhof **stazióne** *w.*
bald **priésto**
Bank **banca** *w./banco*
Batterie **battarìa** *w.*
Bauch **pànza** *w.*
bauen **fravecà**
Bauer **campagnuólo**
Baum **àrbero**
Becher **basètto**
bedienen **servì**
beenden **fernì**
begleiten **accumpagnà**
begrüßen **salutà**
behalten **tené**
Behörde **'ngenzìa** *w.*
bei **'a**
Beilage **cuntuórno**
Bein **còscia** *w.*, **gàmma** *w.*
beißen **muzzecà**
belegt **occupàto/-a** *m./w.*
belegtes Brötchen **paniéllo**
benutzen **ausà**
Benzin **benzìna** *w.*
bereit **appruntàto/-a** *m./w.*
Beruf **prufessióne** *w.*
berühmt **famòso/-a** *m./w.*
berühren **tuccà**
beschäftigt **occupàto/-a** *m./w.*
besichtigen **visità**
besonders **specièle** *m./w.*
besorgen **pruvvedé**
besser **mèglio, cchiù bbuóno**
besser werden **accuncià**
bestätigen **cunfermà**
bestellen **urdinà**
Bestimmungsort **destinazióne** *w.*
Bett **liétto**
Bettlaken **lenzùlo**
Bevollmächtigung **premmésso**
bewölkt **'ntruculiàto/-a** *m./w.*
bezahlen **pavà**
Bier **bìrra** *w.*
Bild **quàtro**
billig **'e pòco prèzzo**
Birne **piro**
bis **a**
bis (zu) **'nsìno (a)**
bisschen **pòco**
bitten **dimannà**
bitter **amàro**
Blatt (Baum, Papier) **fuóglio**
blau **blé** *m./w.*
bleiben **rummané, stà**
Blick **guardàta** *w.*
blockieren **bloccà**
Blume **sciòre**
Boot **vàrca** *w.*
böse sein **'nquartàrsə**
Brand **'ncèndio**
Braten **arrùsto**
braten **arròstere**
Brauch **usànza** *w.*
brauchen **abbisugnà, vulé**
braun **marrò** *m./w.*
brechen **scassà**
breit **làsco/-a** *m./w.*
Brief **léttera** *w.*
Briefmarke **franchebbóllo**
Briefumschlag **bùsta** *w.*
Brille **acchiàre s./Mz.**
bringen **purtà**
Brioche **briòscia** *w.*
Brot **pàne**
Brücke **pònte**
Bruder **fràte**

Brust **piétto**
Buch **lìbbro**
buchen **prenotà**
Buchstabe **léttera** *w.*
bunt **culoràto/-a** *m./w.*
Burg **castiéllo**
Büro **ufficio**
Bus **autobùs**

C

Chauffeur **sciaffèrro**
Code **còdice**
Computer **compùter**

D

da **llà**
da ist **oì**
Dach **tìtto**
damit **pe'** (+ Infinitiv)
danach **po'**
danke **gràzie**
danken **ringrazià**
dann **allóra, po'**
dass **ca**
Datum **dàta** *w.*
dauern **durà**
davon **cə, 'nce**
dazustellen **aunì**
Decke **suffitta** *w.*
dein/-e **tùjo/-a** *m./w.*
denken **penzà**
der **'o**
Deutsche/-r **tedèsco/-a** *m./w.*
Deutschland **Germània**
Dialekt **dialètto**
dich **te / ti**
dick **gruósso/-a** *m./w.*
die **'a** *w.*, **'e** *w., Mz.*
Diebstahl **fùrto**
Dienst **servìzio**
Dienstag **marterì**
Ding **còsa** *w.*
dir **te / ti**
direkt **pròprio**
Diskothek **discotéca** *w.*
Doktor (Dr.) **dùttore**
Dokument **càrta** *w.*
Dolmetscher/in **intérprete** *m./w.*
Donnerstag **gioverì**
doppelt **dùppio/-a** *m./w.*
Dorf **paése**
dort **llà**
Dose **scàtolo**
drehen **avutà**
Drehung **gìro**
drei **tré(je)**
drucken **stampà**
drücken **sprèmmere**
du **tu**
dumm **fésso/-a** *m./w.*
dunkel **cùpo/-a** *m./w.*
dünn **sìcco/-a** *m./w.*
Durst **séte** *w.*
Dusche **dòccia** *w.*

E

echt **ovèro/-a** *m./w.*
Ecke **àngulo**
Ehefrau **mugliièra** *w.*
Ehemann **marìto**
Ei **uóvo**
Eigentum **prupietà** *w.*
ein **nu**
Einbruch **scàsso**
eine **na** *w.*
einfach **sémprice** *m./w.*
Eingang **trasùta** *w.*
eingipsen **'ngnissà**
einige **quàcche**
einkaufen gehen (Kleidung) **fà spése**
einkaufen gehen (Lebensmittel) **fà 'a spésa**
einladen **'mmità**
Einladung **'mmìto**
eins **ùno**
einsteigen **saglì**
Eis **gelàto, surbètto**
Eisenbahn **ferrovìa** *w.*
elegant **alliccàto/-a** *m./w.*
Eltern **genitóri** *m./Mz.*
empfangen **ricévere**
empfehlen **cunsiglià, raccumannà**
Ende **fine** *w.*
eng **strìtto/-a** *m./w.*
Engländer/in, englisch **inglése** *m./w.*
entnehmen **retirà**
er **ìsso**
Erfolg **succiésso**
erhalten **ricévere**
erinnern **allicurdà**
Erkältung **catàrro**
erklären **schieià**
Erlaubnis **premmésso**
ernst **gràve** *m./w.*
ernsthaft **gràve** *m./w.*
erste/r **prìmmo/-a** *m./w.*
erzählen **cuntà**
Erzählung **cùnto**
es **'o**
es gibt **c'è**
essen **magnà**
Essig **acìto**

etwas **quaccòsa**
euer, Ihr **vuósto/-a** *m./w.*
Euro **éuro**
exakt **pricìso/-a** *m./w.*

F

Fabrik **fràveca** *w.*
Faden **filo**
fahren **ghì, jì**
Fahrkarte **bigliètto**
Fahrplan **oràrio**
Fahrrad **bici(clètta)** *w.*
fallen **cadé**
falsch **fàuzo/-a** *m./w.*
Familie **famìglia** *w.*
Familienname **cugnòmme**
Fan **tifùso/-a** *m./w.*
Fan sein (von) **tifà (pe')**
Farbe **culóre**
faul **sfaticàto/-a** *m./w.*
Fax **fax**
Fehler **sbàglio**
Feier **fèsta** *w.*
feiern **fà fèsta**
Feld **càmpo**
Fenster **fenèsta** *w.*
Ferien **fèsta** *w.*
fern **luntàno/-a** *m./w.*
Fernsehen, Fernseher **televisióne** *w.*
fertig **appruntàto/-a** *m./w.*
Fest **fèsta** *w.*
Feuer **fuóco**
Feuerzeug **machinètta** *w.*
Fieber **frève** *w.*
finden **truvà**
Fisch **pésce**
Flasche **buttéglia** *w.*
Fleisch **càrna** *w.*
Fleischer **chianchiére**
Fleischerei **chiànca** *w.*
fliegen **vulà**
Flughafen **aeropòrto**
Flugzeug **apparécchio**
Fluss **sciùmmo**
Formular **módulo**
Fotoapparat **màchina fotogràfica** *w.*
fotografieren **fotografà**
Frage **dumànna** *w.*
fragen **dimannà**
Französisch, Franzose/Französin **francèse** *m./w.*
Frau **fémmena** *w.*
Frau ... **signóra** *w.*
Fräulein **signurìna** *w.*
frei **lìbbero/-a** *m./w.*
frei werden **libberàrsə**
Freitag **viernarì**
fremd **strànio/-a** *m./w.*
Freund **amìco, guaglióne**
Freundin **amìca** *w.*, **guaglióna** *w.*
freundlich **jentìle** *m./w.*
Frieden **pàce** *w.*
frisch **frìsco/-a** *m./w.*
fritieren **frìjere**
fritiert **frìtto/-a** *m./w.*
fröhlich **allèro/-a** *m./w.*
Frucht **frùtta** *w.*
Frühstück **colezióne** *w.*
fühlen **sèntere, sentì**
funktionieren **funzionà**
für **pe'**
Fuß **père**
Fußball **pallóne**

G

Gabel **furchètta** *w.*
ganz **tùtto (quànto), sàno/-a** *m./w.*
Garten **ciardìno**
Gasse **vìco**
Gasthaus (einfaches ~) **tavèrna** *w.*
Gebäck **pàsta** *w.*
Gebäude **palàzzo**
geben **dà, pròiere**
Gebirge **muntàgna** *w.*
gebissen **muórzo**
gebrochen **rùtto/-a** *m./w.*
geehrte/r **jentìle** *m./w.*
Gefahr **perìcolo**
Gefahr laufen **risicà**
gefallen **piacé**
Gefängnis **càrcere**
Gefühl **sentimènto**
gegen **cóntro, vèrso**
Gegend **zòna** *w.*
gegenüber **'nfàccia**
gegrillt **grigliàto/-a** *m./w.*
Gehalt **mesàta** *w.*
geheim **segrèto/-a** *m./w.*
gehen **cammenà, ghì, jì**
Geht klar! **Vabbè!**
gekocht **cuótto/-a** *m./w.*
gelb **giàllo/-a** *m./w.*
Geld **denàre**
Geldautomat **bàncomat**
gemäß **sicóndo**
gemischt **ammiscàto/-a** *m./w.*
Gemüse **verdùra** *w.*
genau **pricìso/-a** *m./w.*

genau (Adverb) **pròprio, 'mpreciso**
Genehmigung **premmésso**
genug **bastànte**
genug sein **abbastà**
geöffnet **apiérto/-a** *m./w.*
Gepäck **baàglio, balìcie** *w./Mz.*
gerade **a stiénto, pròprio**
geradeaus **derìtto**
Gericht **piàtto**
Geschäft **magazzìno, putéca** *w.*
Geschenk **riàlo**
Geschichte **stòria** *w.*
geschichtlich **stòrico/-a** *m./w.*
geschlossen **('n)chiùso/-a** *m./w.*
Gesellschaft **suggità** *w.*
Gesetz **légge** *w.*
Gespräch **cummersazióne** *w.*
gestern **ajére**
gesund **fòrte** *m./w.*
Gesundheit **salùte** *w.*
Getränk **'mbrùmma** *w.*
Gewicht **pìso**
gewöhnlich **ordinàrio/-a** *m./w.*
Gift **veléno**
Glas **bicchiére , buàtta** *w.*
glauben **crérere**
gleich (sofort) **sùbbeto**
gleich (=) **eguàle**
Glück **furtùna** *w.*
glücklich **felìce** *m./w.*
Gold **òro**
Gott **Dìo**
Gramm **gràmmo**
Grammatik **grammàtica**
Gras **èvera** *w.*
grau **crìscio/-a** *m./w.*
grillen **arròstere, griglià**
Grippe **'nfruènza** *w.*
groß **grànne** *m./w.*
Größe (Kleidung) **tàglia** *w.*
Großmutter **nònna** *w.*
Großvater **nònno**
grün **vèrde** *m./w.*
Grundstück **turrèno**
Gruß **salùto / salùte** *w.*
grüßen **salutà**
gültig **vàlido/-a** *m./w.*
Gürtel **curréia** *w.*
gut **bbuóno/bbòna** *m./w.*
gut (Adverb) **bène / be'**
Gute Nacht **Bonanòtte**
Guten Abend **Bonaséra**
Guten Morgen **Bòna jurnàta**
Guten Tag **Bòna jurnàta**

H

haben (Hilfsverb) **avé**
haben (Vollverb) **tené**
Hafen **puórto**
halb **mèdio/-a** *m./w.*, **miézo/-a** *m./w.*
halbe (Stunde) **miéza** *w.*
Hälfte **miéza** *w.*
Hals **cànna** *w.*
Halt **stazióne** *w.*
halten **fermà**
Haltestelle **fermàta** *w.*, **stazióne** *w.*
Hand **màna** *w.*
Handel **cummèrcio**
Händler/in **cummerciànte** *m./w.*
Handschuhe **guànti** *s./Mz.*
Handtuch **tuvàglia** *w.*
Handy **telefonìno**
hart **dùro/-a** *m./w.*
hässlich **brùtto/-a** *m./w.*
Haus **càsa** *w.*
Hausfrau **fémmena 'e càsa** *w.*
heben **aizà**
heilig **sànto/-a** *m./w.*
heimlich **segrèto/-a** *m./w.*
heiraten **spusàrsə**
heiß **càvero/-a** *m./w.*
helfen **ajutà**
hell **chiàro/-a** *m./w.*
Hemd **cammìsa** *w.*
Herbst **autùnnə**
Herr ... **signóre ...**
heute **ògge**
hier **cə, ccà**
hier ist **te'**
Hilfe **ajùto**
himmelblau **celèste** *m./w.*
hinauf **'ncòppa**
hingegen **'mméce**
hinlegen **spànnere**
hinten **adderèto**
hinter **arrèto a**
historisch **stòrico/-a** *m./w.*
Hitze **calìmma** *w.*
hoch **àuto/-a** *m./w.*
Hochzeit **matremmònio**
hoffen **sperà**
höflich **gentìle** *m./w.*
Höflichkeit **gentilézza** *w.*

Holland **Olànda**
Holz **lìgnamme**
hören **sèntere, sentì**
Hose **cazóne**
Hotel (einfaches ~) **bed & breakfast**
Hund **càne**
Hunger **fàmma** *w.*
hygienisch **igiénico/-a** *m./w.*

I

ich **io**
ihn (Akk.) **'o**
ihr **vùje**
immer **sèmp(r)e**
in **a, dìnto, 'into**
in (zeitl.) **tra**
Industrie **indùstria** *w.*
Information **infrómma** *w.*
informieren **infrommà**
Ingenieur **'ngigniére**
Innenstadt **céntro**
Insekt **inzètto**
Insel **ìsola** *w.*
installieren **installà**
interessant **'nteressànte** *m./w.*
Interesse **'nterèsse**
international **'nternazionàle m./w.**
inzwischen **pe' ttramènte**
Irrtum **sbàglio**
Italien **Itàlia**
Italiener/in **(i)taliàno/-a** *m./w.*
Italienisch (Sprache), italienisch **(i)taliàno**

J

ja **sì**
Jacke **giacchètta** *w.*
Jahr **ànno**
Jahreszeit **staggióne** *w.*
jeder **ognùno**
jemand **quaccherùno/-a** *m./w.*
jetzt **mo'**
Journalist **giurnalìsta** *m./w.*
jung **gióvene** *m./w.*
Junge **guaglióne**

K

Kaffee (Espresso) **cafè**
kalt **frìddo/-a** *m./w.*
Kantine **cantìna** *w.*
kaputt **rùtto/-a** *m./w.*
Karte **càrta** *w.*
Kartoffel **patàna** *w.*
Käse **càso**
Käse **furmàggio**
Kasse **càscia** *w.*
kaufen **accattà**
kaum **a stiénto**
Kenntnis **canuscènza** *w.*
Kilo **chìlo**
Kind **criatùra** *w.*
Kinder (eigene) **figli** *m./Mz.*
Kino **cìnema**
Kiosk **giurnalàro**
Kirche **chiésia** *w.*
Kissen **cuscìno**
Kleid **vestùto**
Kleiderbügel **stanfèlle** *w./Mz.*
Kleidung **vestìti** *s./Mz.*
klein **piccerìllo/-a** *m./w.*
Kloster **cummènto**
klug **scetàto/-a** *m./w.*
Knie **denùcchio**
Kochbuch **libbro 'e cucìna**
kochen **còcere**
Koffer **balìcia** *w.*
kommen **venì**
komplett (Adverb) **'a càpa 'o ppère**
kompliziert **cumplicàto/-a** *m./w.*
Kondom **guànto**
können **putè**
Kontakt **cuntàto**
Konto **cùnto**
kontrollieren **cuntrullà**
Konzert **cunciérto**
Kopf **càpa** *w.*
kosten **custà**
kostenlos **gratìsse**
krank **malàto/-a** *m./w.*
Krankenhaus **spitàle**
Krankenschwester **'nfermiéra** *w.*
Krankheit **malatìa** *w.*
Krawatte **cruvàtta** *w.*
Kreditkarte **càrta 'e crédito** *w.*
Küche **cucìna** *w.*
Kuchen **gattò, pìzza dóce** *w.*
kühl **frìsco/-a** *m./w.*
Kunst **àrte** *w.*
kurz **cùrto/-a** *m./w.*
Kuss **vàso**
küssen **vasà**
Kuvert **bùsta** *w.*

L

lächeln **surrìrere**
lachen **rìrere**
Lage **pusizióne** *w.*
Lampe **làmpa** *w.*
Land **stàto**
Landkarte
càrta geogràfica *w.*, **màppa** *w.*
Landwirtschaft
agricultùra *w.*
lang **luóngo/-a** *m./w.*
langsam **chiàno/-a** *m./w.*
langsam (Adverb)
chiànu chiànu
langweilig
scucciànte *m./w.*
laufen **cammenà, córrere**
laut **àuto/-a** *m./w.*, **fòrte** *m./w.*
leben **campà**
Leben **vìta** *w.*
Lebensgefährte **cumpàgno**
Lebensgefährtin
cumpàgna *w.*
leer **vacànte** *m./w.*
legen **mèttere**
Lehrer/in
prufessóre *m./w.*
leicht **sémprice** *m./w.*, **liéggio/-a** *m./w.*
leid tun **dispiacé**
leider **risgraziatamènte**
leise **vàscio/-a** *m./w.*
lernen **'mparà**
lesen **lèggere**
Leute **gènte** *w.*
Licht **lùce** *w.*
lieben **vulé bene**
lieber mögen **preferì**
Lied **canzóna** *w.*
Lift **ascensòre**
Linie **lìnia** *w.*
links (auf der linken Seite)
sinìstra ('a màna ~)
Liter **lìtro**
Loch **pertùso**
Löffel **cucchiàro**
Lokal **locàle**
lügen **dìcere 'e bbuscìe**
lustig **spassùso/-a** *m./w.*

M

machen **fà**
Mädchen **guaglióna** *w.*
Mal **vòta** *w.*
man braucht ...(zeitl.)
Cə vô...
manchmal **quàcche vòta**
Mann **òmmo**
Mannschaft **squàtra** *w.*
Markt **mercàto**
Maschine **màchina** *w.*
Medikament
'mmericìna *w.*
Meer **màre**
mehr **cchiù**
mein Herr **signó**
mein/-e **mìo/-a** *m./w.*
meine Dame **signó** *w.*, **signóra** *w.*
Melone **mellóne**
Mensch **òmmo**
Messer **curtiéllo**
mieten **affittà, fittà**
Milch **làtte**
minus (-) **méno**
Minute **minùto**
missfallen **dispiacé**
mit **co, cu**
Mittag **miezojuórno**
Mittagessen **prànzo**
Mitternacht **mezanòtte** *w.*
Mittwoch **miercurì**
möchten **vulé**
Mode **mòda** *w.*
möglich **possìbbile** *m./w.*
Moment **momènte**
Monat **mése**
monatlich, Monats-
'o mmése
Montag **lunnerì**
morgen **dimàne**
Morgen **matìna** *w.*
Motor **mutóre**
Motorrad **mòto** *w.*
müde **stànco/-a** *m./w.*
Müll **munnézza** *w.*
Musik **mùseca**
müssen **avé 'a, duvére**
Mutter **màmma** *w.*

N

nach **a**
nach (gemäß) **sicóndo**
nach (zeitlich) **dòppo**
nachher **po'**
Nachmittag **cuntróra** *w.*
Nachricht **'mmasciàta** *w.*
nächste/r
pròssimo/-a *m./w.*
Nacht **nòtte** *w.*
Nachtisch **dóce**
nackt **nùdo/-a** *m./w.*
Nadel **àco**

nahe **vicìno/-a** *m./w.*
Nähe (in der ~ von) **vicìno/-a** *m./w.* **(a)**
Name **nòmme**
nass **'nfùso /-a** *m./w.*
national **nazionàle** *m./w.*
Nationalität **nazionalità** *w.*
Natur **natùra** *w.*
natürlich **naturàle** *m./w.*
Natürlich! **Ciérto!**
Neapel **Nàpule**
Nebel **néglia** *w.*
neben **affiànco**
nehmen **piglià**
nein **no**
nett **jentìle** *m./w.*
Netz **rézza** *w.*
neugierig **curiùso/-a** *m./w.*
neun **nòve**
nicht **nun**
Nicht wahr? **Ovèro è?**
nichts **niénte**
niedrig **vàscio/-a** *m./w.*
niemals **màje**
niemand **nisciùno/-a** *m./w.*
noch **ancòra**
Norden **Nord**
normal **normàle** *m./w.*, **ordinàrio/-a** *m./w.*
notwendig **necessàrio/-a** *m./w.*
Null **zèro**
Nummer **nùmmero**
nun **allóra**
nur **sùlo**
nützlich **ùtele**

O

ob **se / si**
oben **'ncòppa**
Obst **frùtta** *w.*
Obsthändler **fruttaiuólo**
oder **o**
öffnen **arapì**
oft **spìsso**
ohne **sènza**
Öl **uóglio**
Oma **nònna** *w.*
Onkel **zìo**
Opa **nònno**
Orange **purtuàllo**
organisieren **organizzà**
Ort **pìzzo**
Osten **Est**
Österreich **Àustria**
Österreicher/in **austrìaco/-a** *m./w.*

P

Paar **pàro**
Päckchen **pacchòtto**
Paket **pacchòtto**
Palast **palàzzo**
Panne **guàsto**
Papier **càrta** *w.*
Paprika **puparuólo**
Park **pàrco**
Parkplatz **pustéggio**
Parlament **parlaménto**
passen **stà bbuóno**
Pasta (Nudeln) **pàsta** *w.*, **maccarùne** *s./Mz.*
Patient **paziènte** *m./w.*
Pension **penzióne** *w.*
per **pe'**
perfekt **perfètto/-a** *m./w.*
Person **perzóna** *w.*
Pfeffer **pépe**
Pfirsich **pésca** *w.*
Pflanze **piànta** *w.*
Pilz **fùngio**
Pizza **pìzza** *w.*
Pizzeria **pizzerìa** *w.*
Plan **màppa** *w.*
Platz **piàzza** *w.*, **pòsto**
Platz nehmen **accumudàrsə**
plötzlich **'e sùbbeto**
plus (+) **cchiù**
Politik **pulìtica** *w.*
Polizei **guàrdie** *w./Mz.*, **pulizzìa** *w.*
Pomade **pumàta** *w.*
Post **pòsta** *w.*
Postkarte **cartolìna** *w.*
Prachtstraße **córzo**
Preis **prèzzo**
privat **privàto/-a** *m./w.*
probieren (Essen) **assaggià**
Problem **probblèma**
Professor/in **prufessóre** *m./w.*
Programm **prugràmma**
Pullover **màglia** *w.*
Punkt **pùnto**
pünktlich **puntuàle** *m./w.*

Q

Querstraße **traviérza** *w.*
Quittung **scuntrìno**

R

Radio **ràdio** *w.*
Ragout (dicke Sauce) **ra(g)ù**
rauchen **fumà**
Rechnung **cùnto**
rechts (nach rechts) **dèstra (a ~)**
reden **parlà**
reell **riàle** *m./w.*
Regel **rèola** *w.*
Regen **piòggia** *w.*
Regenschirm **'mbrèllo**
regnen **chiòvere**
reich **rìcco/-a** *m./w.*
reichen **abbastà, pròiere**
Reise **viàggio**
reisen **viaggià**
Reisepass **passapòrto**
Rentner/in **penziunàto/-a** *m./w.*
reparieren **arreparà**
reservieren **prenotà**
Rest **riésto**
Restaurant **ristorànte**
Restaurant (einfaches ~) **cantìna** *w.*
richtig **jùsto/-a** *m./w.*
Richtung **direzióne** *w.*
riskieren **risicà**
Rock **bàsso**
rot **rùsso/-a** *m./w.*
Rotwein **vìno rùsso**
Rücken **rìne** *s./Mz.*
Ruhe **ripòso**
ruhig **sòdo/-a** *m./w.*
Rundfahrt **giro**

S

Saal **sàla** *w.*
Sache **còsa** *w.*
sagen **dìcere**
Sahne **nàtta** *w.*
Sakko **giacchètta** *w.*
Salat **'nzalàta** *w.*
Salbe **pumàta** *w.*
Salz **sàle**
sammeln **arrecógliere**
Samstag **sàbbato**
Sand **réna** *w.*
satt **abbuffàtto/-a** *m./w.*
sauber **lùstro/-a** *m./w.*
säubern **annettà**
sauer **àceto/-a** *m./w.*
Schachtel **scàtolo**
Schal **sciàrpa** *w.*
Schalter (Bank, Post usw.) **purtèlla** *w.*
scharf **fòrte** *m./w.*
Schaufenster **vetrìna** *w.*
scheinen **paré**
Schere **fròbbece** *w./Mz.*
schicken **mannà, spedì**
Schienenseilbahn **funiculàre** *w.*
schießen **sparà**
Schiff **nàva** *w.*
Schinken **prusùtto**
schlafen **durmì**
schlagen **vàttere**
Schlange **sèrpe**
schlecht **brùtto/-a** *m./w.*
schlecht (Adverb) **màle**
schlechter **pèggio**
schließen **'nchiùrere, 'nzerrà**
schlimm **gràve** *m./w.*
Schlüssel **chiàve** *w.*
schmackhaft **sapurìto/-a** *m./w.*
Schmerz **dulóre**
schmerzen **fà màle**
schmutzig **spuórco/-a** *m./w.*
schneien **sciuccà**
schnell **lèsto/-a** *m./w.*, **svérto/-a** *m./w.*
schon **già**
schön **bèllo/-a** *m./w.*
Schrank **armàrio**
schreiben **scrìvere**
Schuhe **scàrpe** *w./Mz.*
Schuhgröße **nùmmero**
Schule **scòla** *w.*
schwanger **prèna**
schwarz **nìro/-a** *m./w.*
Schweigen **omertà** *w.*
Schweiz **Svìzzera**
Schweizer/in **svìzzero/-a** *m./w.*,

sguizzaro/-a *m./w.*
schwer **pesànte** *m./w.*
Schwester **sòra** *w.*
schwierig **cumplicàto/-a** *m./w.*
schwimmen **natà**
sechs **sèje**
See **làgo**
Seeigel **riccio 'e màre**
sehen **vedé**
sehr **assàje**
Seide **séta** *w.*
Seife **sapóne**
sein **èssere, stà**
seit **'a, da**
Seite (Buch) **pàggina** *w.*
Seite (Richtung) **làto**
Sekretärin **segretària** *w.*
Sekunde **secóndo**
selbst **stésso/-a** *m./w.*
selten **ràro/-a** *m./w.*
seltsam **curiùso/-a** *m./w.*
Service **servìzio**
servieren **servì**
Serviette **sarviètta** *w.*
sich aufhalten **stà**
sich ausruhen **arrepusàrsə**
sich beeilen **spicciàrsə**
sich befinden **stà**
sich bequem machen, es **accumudàrsə**
sich entschuldigen **scusà**
sich irren **sbaglià**
sich kennenlernen **fà canuscènza**
sich merken **memorizzà**
sich setzen **accumudàrsə**
sich setzen **assettàrsə**
sich Sorgen machen **stà c'o ppenziéro**
sich verabreden **dàrsə appuntamènto**
sich verletzen **ferì**
sich verspäten **tardà**
sich waschen **lavàrsə**
sicher **ciérto/-a** *m./w.*, **sicùro/-a** *m./w.*
Sie **vùje**
sie **éssa** *w.*
sie (Mz.) **llòro**
sieben **sètte**
Silber **argiénto**
singen **cantà**
so **accussì**
so sehr **tànto**
so viel/-e **tànto/-a** *m./w.*
Socke **cazètta** *w.*
sofort **sùbbeto**
Sohn **figlio**
Söhne **figli** *m./Mz.*
Sommer **staggióne** *w.*
sonderbar **curiùso/-a** *m./w.*
Sonne **sóle**
Sonntag **dumméneca**
Sorbet **surbètta** *w.*
sparen **sparagnà**
spät **tàrde**
Spaziergang **cammenàta** *w.*
Speise **mangià ('o mmangià)**
Speisekarte **menù**
Spezialität **specialità** *w.*
speziell **speciàle** *m./w.*
spielen **jucà**
Spielzeug **pazzièlla** *w.*
Sport **sport**
Sport-, sportlich **sportìvo/-a** *m./w.*
Sprache **léngua** *w.*
sprechen **parlà**
Sprudelwasser **àcqua gassàta** *w.*
Staat **stàto**
Stadt **città** *w.*
Stadtviertel **quartiére, rióne**
stark **fòrte** *m./w.*
stattdessen **'mméce**
stechen **pógnere**
Stechmücke **zanzàra** *w.*
stehen **stà (susùsto/-a** *m./w.***)**
Stein **prèta** *w.*
Stelle (in Ordnung) **pòsto (a ~)**
sterben **murì**
Stern **stélla** *w.*
stilles Wasser **àcqua naturàle** *w.*
Stimme **vóce** *w.*
Stockwerk **piàno**
stören **scuccià**
Strafe **punizióne** *w.*
Strand **spiàggia** *w.*
Straße **stràta** *w.*, **vìa** *w.*
Straßenbahn **tràmme**
Streichhölzer **micciariélli** *s./Mz.*
Streik **sciòpero**
streiten **appiccecàrsə**
Stück **fèlla** *w.*, **piézzo**
Student **sturènte**
Studentin **sturentèssa** *w.*
Stuhl **sèggia** *w.*
Stunde **óra** *w.*
suchen **cercà, jì truvànno**
Süden **Sud**
Summe **tutàle**

Sünde **peccàto**
Supermarkt **supermercà-to**
Suppe **zùppa** *w.*
süß **dóce** *m./w.*

T

Tabak **tabbàcco**
Tabakhändler **tabbaccàro**
Tabakladen **tabbaccarìa** *w.*
Tablette **pastìglia** *w.*
Tag **juórno**
Tag(-esablauf) **jurnàta** *w.*
Tal **vàllo**
Tante **zìa** *w.*
tanzen **abballà**
Täschchen **burzètta** *w.*
Tasche **vórza** *w.*
tatsächlich **ovèro/-a** *m./w.*
tausend **mìlle**
tausend Dank **gràzi'assàje**
Taxi **tassì**
Tee **tè**
Telefon **telèfono**
Telefonat **telefonàta** *w.*
telefonieren **telefonà**
Teller **piàtto**
Teppich **tappéto**
teuer **càro/-a** *m./w.*
Theater **triàto**
Thunfisch **tùnno**
Ticket **bigliètto**
tief **cùpo/-a** *m./w.*, **vàscio/-a** *m./w.*
Tier **animàle**
Tisch **tavola** *w.*
Tochter **figlia** *w.*
Tod **mòrte** *w.*
Toilette **bàgno** , **cèsso**
Toilettenpapier **càrta iggiénica** *w.*
Tomate **pummaròla** *w.*
tot **muórto/-a** *m./w.*
töten **accìrere**
Tour **gìro**
Tourismus **turìsmo**
touristisch **turìstico/-a** *m./w.*
traditionell **tradizionàle** *m./w.*
tragen (auch Kleidung) **purtà**
Tragflächenboot **alìscafo**
traurig **appucundrùto/-a** *m./w.*
treffen **tuccà, 'ncuntrà**
trennen **spàrtere**
Treppe **scàla** *w.*
trinken **vévere**
Trinkgeld **'nfèrta** *w.*
trocken **asciùtto/-a** *m./w.*, **sìcco/-a** *m./w.*
tschüss **stàtte bbuóno**
tun **fà**
Tür **pòrta** *w.*
typisch **tìpico/-a** *m./w.*

U

U-Bahn **mètro**
Übelkeit **vutamiénto 'e stòmmaco**
über **'ncòppa**
überqueren **traversà**
übersetzen **tradùcere**
Übersetzer/in **traduttòre** *m./w.*
übrig **supiérchio/-a** *m./w.*
Uhr **rilòrgio**
um zu **pe'**
umarmen **abbraccià**
umsteigen **cagnà**
umtauschen (Geld) **scagnà**
unbekannt **scanusciùto/-a** *m./w.*
und **e**
Unfall **incidènte**
Universität **università** *w.*
uns **cə**
unser/-e **nuósto/-a** *m./w.*
unten **abbàscio**
unter **sótto**
unterrichten **'mparà**
unterschreiben **firmà**
Urlaub **fèsta** *w.*

V

Vater **pàte**
vegetarisch, Vegetarier/in **vegetariàno/-a** *m./w.*
Venusmuschel **vòngola** *w.*
Verabredung **appuntamènto**
verärgert sein **'nquartàrsə**
verbessern **accuncià**
Verbrechen **delìtto**
verbrennen **abbruccià**
verdienen **abbuscàrsə**
vergessen **scurdà**
Vergnügen **piacére**
verheiratet **spusàto/-a** *m./w.*
verkaufen **vénnere**
Verkäufer/in **bancunìsta** *m./w.*
verlassen **lassà**
verlieren **pèrdere**

verlobt **'nnammuràto/-a** *m./w.*
Verlobte **'nnammuràta** *w.*
Verlobter **'nnammuràto**
vermieten **fittà**
Vernunft **raggióne** *w.*
verschieden **'e n'àta manèra**
versenden **spedì**
versorgen **pruvvedé**
Verspätung **ritàrdo**
verstehen **capì, 'ntènnere**
versuchen **pruvà**
Vertreter/in **rappresentànte** *m./w.*
viel **assàje**
vielleicht **ammacàro, fòrze**
vier **quàtto**
Viertel(-stunde) **quàrto**
Vogel **auciéllo**
Volk **pupulazióne** *w.*
voll **chìno/-a** *m./w.*
von **'e**
vor (räumlich) **denànte, annànze**
vor (zeitlich) **prìmma ('e)**
vor allem **'ncòpp'a tùtto**
vorbereiten **priparà**
Vorderseite **frónte** *w.*
Vormittag **matenàta** *w.*
vorne **annànze**
Vorsicht! **Attenzióne!**
Vorspeise **entràta** *w.*
vorstellen **appresentà**
Vorstellung **spettàculo**
vorziehen **preferì**

W

wählen **digità**
wahr **ovèro/-a** *m./w.*
während **pe' ttramènte**
Wald (groß) **furèsta** *w.*
Wald (klein) **bòsco**
Wand **mùro**
Wann? **Quànno?**
warm **càvero/-a** *m./w.*
Wärme **calìmma** *w.*
warten **aspettà**
Warum? **Pecché?**
Was für ein/e? **Che?**
Was? **Che?**
waschen **lavà**
Wasser **àcqua** *w.*
wechseln (Geld) **scagnà**
wecken **scetà**
Weg **vìa** *w.*
wegen **pe' vìa**
weh tun **fà màle**
weil **pecché**
Wein **vìno**
weinen **chiàgnere**
Weinkeller **cantina** *w.*
Weintraube **ùva** *w.*
weiß **jànco/-a** *m./w.*
Weißwein **vìno jànco**
weit **làsco/-a** *m./w.*, **luntàno/-a** *m./w.*
Welche/r? **Che?, Qua'?, Quàle?**
welcher **ca, che**
wenig **pòco**
weniger **méno**
wenigstens **almé**
wenn **se / si**
wenn (zeitl.) **quànno**
Wer? **Chi?**
werden **addiventà**
Wespe **vèspera** *w.*
Westen **Òvest**
Wetter **tiémpo**
wichtig **'mpurtànte**
wichtig sein **'mpurtà**
wie auch immer **inzómma**
Wie viel/e? **Quànto/-a?** *m./w.*
Wie? **Cómme?**
wieder **nuovamènne**
wiederholen **arrepètere**
Willkommen **Bemmenùto/-a** *m./w.*
Wind **viénto**
Winter **viérnə**
wir **nùje**
wirklich **ovèro/-a** *m./w.*
wirklich (Adverb) **overamènte**
wissen **sapé**
Wo? **Addò?**
Woche **semmàna** *w.*
Wochen-, wöchentlich **semmanàle** *m./w.*
wohnen **stà 'e càsa**
Wohnung **quartìno**
wollen **vulé**
Wort **paròla** *w.*
Wörterbuch **dizzionàrio**
wünschen **desiderà**
Wurstmetzger **casadduóglio**

Z

Zahn **rènte**
Zahnarzt, Zahnärztin **dentìsta** *m./w.*
Zahnpasta **rentifrìcio**
Zahnstocher **palìco**
zeigen **fà vedé**
Zeit **tiémpo**
Zeitschrift **rivìsta** *w.*
Zeitschriftenhändler **giurnalàro**
Zeitung **giurnàle**
Zelt **tènna** *w.*
zentral **centràle** *m./w.*
Zentrum **céntro**
Zigarette **sigarètta** *w.*
Zigarre **sicàrio**
Zimmer **càmmara** *w.*, **stànza** *w.*
Zitrone **limóne**
Zitronenlikör **limoncéllo**
Zoo **zoo**
zu **a, 'a**
zu (viel) **tròppo**
zu Fuß **a piedi**
zufrieden **priàto/-a** *m./w.*
Zug **trèno**
zuhören **sentì**
zurück **ar(r)èto**
zurückgeben, -gehen, -kehren **turnà**
zusammen **'nziéme**
zwei **dùie**
zweite/r **sicóndo/-a** *m./w.*
zwischen **'mmiézo a**

Der Autor

Daniel Krasa ist freiberuflicher Autor und Dokumentarfilmer. Er wurde 1976 in Wien geboren, verbrachte aber einen Großteil seines Lebens „auf Achse", z. B. in der arabischen Welt, Südamerika, Indien, Südostasien aber auch im mediterranen Europa.

Den ersten Kontakt mit dem Neapolitanischen hatte er durch neapolitanische Einwanderer in São Paulo (Brasilien). An Neapel reizen ihn v.a. die vielen Gegensätze und die erstaunlich flexible und lebensbejahende Mentalität, mit der die örtliche Bevölkerung dem häufig komplizierten Alltag die Stirn bietet.

Im Reise Know-How Verlag liegen von Daniel Krasa mehrere Bände in der Kauderwelsch-Reihe, die CityTrips Wien, Frankfurt, Neapel und Tel Aviv sowie der Reiseführer Ibiza mit Formentera (zusammen mit Hans-R. Grundmann) vor.

Für die Unterstützung und Hilfe bei Erarbeitung dieses Buches dankt der Autor Ursula Graber und Luca Ciriello.